Sigrid Engelbrecht

Ich müsste, wollte, sollte …

Sigrid Engelbrecht

Ich müsste, wollte, sollte ...

Erste Hilfe für chronische Aufschieber

orell füssli Verlag AG

Umschlagabbildung © Corbis (moodboard)
Umschlaggestaltung: Andreas Zollinger, Zürich
Umschlag Autorenporträt: Atelier am Hofgarten, Bayreuth
Druck: fgb • freiburger graphische betriebe, Freiburg

ISBN 978-3-280-05397-3

Bibliografische Information der Deutschen Nationalbibliothek:
Die Deutsche Nationalbibliothek verzeichnet diese Publikation in der Deutschen Nationalbibliografie; detaillierte bibliografische Daten sind im Internet über http://dnb.d-nb.de abrufbar.

FSC
Mix
Produktgruppe aus vorbildlich bewirtschafteten Wäldern und anderen kontrollierten Herkünften
www.fsc.org Zert.-Nr. SGS-COC-003993
©1996 Forest Stewardship Council

Inhalt

Vorwort

Liebe Leserinnen und Leser,
es gibt Tage, da hat man hier etwas gemacht und da etwas gemacht und hat trotzdem nicht das Gefühl, wirklich etwas zustande gebracht zu haben. Doch zumindest hat man mittels Trödelei und unspezifischem Herumwursteln vermieden, sich dem zu widmen, was man eigentlich hätte tun sollen. In aller Regel weiß man sehr gut, was man hätte tun sollen und dass das, was man anstelle dessen dann getan hat, reine Ablenkung gewesen ist. Der berühmte innere Schweinehund halt – ist doch schön, wenn man ein solches Tierchen beherbergt, dann war man wenigstens nicht selber schuld …! Und heute ist es eh zu spät, um noch einzusteigen, lohnt sich doch ohnehin nicht mehr, morgen ist auch noch ein Tag, und überdies ist ja noch genug Zeit … Und so sinkt man erleichtert zurück und sagt sich: «Heute nicht.»

Aber morgen wiederholt sich dann dasselbe und übermorgen … Die Tage scheinen sich in ein immerwährendes «I'll quit tomorrow» zu verwandeln, und allmählich fängt die Verschieberei auch an zu nerven, doch sich aufzuraffen scheint einfach nicht möglich. Die geschobene Aufgabe beginnt mit jedem Tag mehr zu lasten, in der Phantasie immer größer und unangenehmer zu werden. Schon allein der Gedanke daran lässt die Stimmung in den Keller fallen. Doch der Startschuss fällt noch immer nicht, vielmehr ist wieder Beruhigung und Kleinreden angesagt, um das Gefühl «Das krieg' ich schon noch hin» aufrechterhalten zu können. «Sind doch bloß 20 Seiten, das schaff' ich in zwei Tagen doch locker», sagt man sich da beispielsweise oder: «Na ja, wenn ich mich am Wochenende auf das Konzept für die Website konzentriere, dann steht die doch bis Montag.» Und so wird weiter geschoben. Manchmal klappt es ja auch, sich schließlich und endlich am Sonntagnachmittag an den Schreibtisch zu quälen und ein halbwegs passables Ergebnis auf die Beine zu stellen. Manchmal klappt es aber eben nicht, und dann muss an besagtem Montag eine möglichst gute Ausrede herhalten.

Viele Leute kennen solche Situationen recht gut. Obwohl wir genau wissen, was wir jetzt *eigentlich* tun sollten, tun wir etwas anderes. Gut tut das nicht, denn Wichtiges, das wir vor uns herschieben, belastet die Gedanken, macht Stress und drückt auf die Stimmung. Zudem gibt es nur selten etwas, was sich durch Aufschieben einfach in Wohlgefallen auflöst. Manche Fristen sind dann eben unwiderruflich vorbei, und wer zu spät kommt, den bestraft vielleicht nicht das Leben, aber zumindest der Auftraggeber oder die Prüfungsordnung.

Als Freiberuflerin, die seit über 20 Jahren ihre eigene Chefin ist, habe ich viel Erfahrung sammeln können mit Prioritäten, der Organisation alltäglicher Aufgaben, dem Strukturieren von Abläufen, guten und weniger guten Gewohnheiten, Effektivität und Schlendrian. Daraus ist nun das vorliegende Buch geworden, mit dem ich Sie gerne bei der sinnvollen Strukturierung Ihrer Arbeitszeit unterstützen möchte. Wunder dürfen Sie davon nicht erwarten, aber doch einige Impulse für Ihren Arbeitsalltag, die Ihnen nützlich sein können.

Das Buch ist in übersichtliche Einheiten gegliedert und bietet viele Möglichkeiten, neue Herangehensweisen auszuprobieren. Nach einer Einführung in das Thema «Chronisches Aufschieben» folgen sieben Schritte, die ganz praktisch zeigen, wie Sie am besten vom Denken ins Tun kommen. Dazu gehören zunächst eine Bestandsaufnahme und ein Selbsttest, um das eigene Aufschiebeverhalten genauer zu verstehen. In den folgenden Schritten finden Sie dann Planungsstrategien und Hilfreiches über die Motivation zum Anfangen und zum Durchhalten. Ergänzt wird dies schließlich mit einem kleinen «Erste-Hilfe-Koffer», der Tipps und Hinweise enthält, wie Sie nach einer Aufschiebephase den roten Faden wiederfinden.

Am meisten werden Sie von den einzelnen Schritten profitieren, wenn Sie ganz praktisch mit dem Buch arbeiten. Wenden Sie das, was Sie lesen, auf Ihr eigenes Aufschiebeverhalten an und führen Sie auch die vorgeschlagenen Übungen durch.

Nicht alles ist für alle gleichermaßen wirksam. Deshalb habe ich die Strategien, die sich für mein eigenes Aufschiebeverhalten als wirksam erwiesen haben, um weitere Strategien aus meinem Kollegen- und Freundeskreis ergänzt und auch Ideen und Anregungen der Teilnehmerinnen und Teilnehmer meiner Seminare aufgenommen. Wenn Sie die einzelnen Schritte bearbeiten, werden Sie bald herausfinden, was Ihnen hilft, aufgeschobene Vorhaben in Angriff zu nehmen, und wie Sie am besten bei der Stange bleiben.

Viel Spaß und Erfolg dabei wünscht Ihnen
Sigrid Engelbrecht

Einführung

Ohne Aufschieben geht es nicht. Auch wenn wir ein gutes Zeitmanagement pflegen, effektiv arbeiten und gezielt Prioritäten setzen, schieben wir auf: im Idealfall die Dinge, die wir als unwichtig oder als nicht besonders dringlich bewerten, beispielsweise einen Aktenschrank aufräumen, neuen Toner für den Drucker bestellen, die Fenster putzen, das Auto durch die Waschanlage fahren.

Für jede Aufgabe, die wir anpacken, müssen wir andere aufschieben. Im heutigen Arbeitsalltag gibt es stets mehr Aufgaben, als in die zur Verfügung stehenden Zeitfenster wirklich hineinpassen. Wir sind heute in nahezu jedem Arbeitsfeld mit immer zahlreicher und komplexer werdenden Anforderungen konfrontiert. Da hilft es auch nicht, ein ausgefuchstes Zeitmanagement noch weiter ausfuchsen zu wollen. Der Versuch, «alles» zu erledigen, führt entweder dazu, Nachtschichten einzulegen und damit auf Dauer die Gesundheit zu ruinieren oder ins Multitasking zu verfallen und das Anstehende nur noch im Überflug zu erledigen. Weder das eine noch das andere stellt auf Dauer zufrieden.

Chronisches Aufschieben unter die Lupe genommen

Nicht jedes Aufschieben ist etwas, worüber man sich Sorgen machen müsste, sondern es ist die logische Folge einer Arbeitswelt mit stetig wachsender Informations- und Anforderungsdichte. Jeder schiebt auf: wir selbst, unser Chef, unsere Auftraggeber, Kollegen, Kunden, Freunde ... Solange es eher zweitrangige Dinge sind, die vertagt werden, und solange man sich nicht mit überzogenen Perfektionsansprüchen peinigt und nicht sich selbst oder anderen damit schadet, ist das auch in Ordnung.

Doch wohl jeder schiebt bisweilen auch Wichtiges vor sich her, einfach weil es anstrengend oder langweilig ist. Meist geschieht dies aber nicht ständig und nicht über längere Zeiträume hinweg. Unangenehme, langweilige oder einfach nur lästige Aufgaben erledigt schließlich niemand gern. So werden sie schon mal nach hinten geschoben und dann schließlich erledigt – zähneknirschend, aber doch rechtzeitig. Auch dies passiert ab und zu mal und ist kein Grund zur Besorgnis.

Wenn das Aufschieben wichtiger Aufgaben, Vorhaben oder Projekte sich jedoch zu häufen beginnt, sollte man sich das näher anschauen. Die Grenzen zwischen sinnvollem bzw. tolerierbarem Aufschieben und der «Aufschieberitis» oder Prokrastination (von lat. procrastinatio, gebildet aus «pro» = «für» und «crastinus» = «morgig») sind fließend. Unter «Prokrastination» ist zu verstehen, dass man es hinauszögert, mit der Arbeit an einer Aufgabe anzufangen, oder dass man die Arbeit immer wieder abbricht und sie dadurch erst mit erheblichem Zeitverzug beendet.

Aufschub heißt der Dieb der Zeit.
Edward Young (engl. Dichter, 1683–1765)

Obwohl es an der notwendigen Einsicht nicht fehlt, schaffen es die von einer dauerhaften Handlungsblockade Betroffenen nicht, die zielführenden Schritte zu unternehmen, die für das Gelingen der Arbeit notwendig wären. «Na ja, heute muss ich noch andere Dinge erledigen – morgen fang' ich dann wirklich an!», «Ich hab' ja noch Zeit», «Heute ist irgendwie nicht so mein Tag», «Bevor ich überhaupt anfangen kann, muss ich noch …» sind gängige Vorwände dafür, sich dem Anstehenden nicht widmen zu müssen, sich gleichzeitig selbst zu beruhigen und auch das schlechte Gewissen zu besänftigen. Man müsste, wollte, sollte …, aber man tut es nicht.

Wenn wir immer wieder Herausforderungen vermeiden und wichtige Vorhaben auf die lange Bank schieben, wie beispielsweise die Magisterarbeit abschließen, ein Angebot formulieren, eine Zusatzqualifikation erwerben oder um eine Gehaltserhöhung ersuchen, dann stellen wir uns damit der eigenen Entwicklung in den Weg. Regelrecht selbstquälerisch wird es, wenn wir gewohnheitsmäßig für das eigene Fortkommen wesentliche Projekte sogar einige Wochen oder Monate lang Tag um Tag immer weiter hinauszögern und dieses chronische Vor-sich-her-Schieben zu einem sich immer mehr zuspitzenden Zeitmangel führt – bis irgendwann der kritische Punkt überschritten ist und es aussichtslos wird, das Anstehende noch zum vorgegebenen Termin zu schaffen. Hier besteht die Gefahr, mit den Anforderungen im Alltag, im Job oder im Studium nicht mehr zurechtzukommen.

Arbeitsstörungen sind weit verbreitet

Laut einer Befragung des amerikanischen Psychologen Joseph Ferrari von der DePaul-Universität in Chicago haben etwa 20 Prozent der Bevölkerung regelmäßig große Probleme damit, gerade die wichtigen Aufgaben anzupacken, durchzuführen und sie zum vorgesehenen Termin abzuschließen. Dazu hatte er 4000 Menschen nach ihren Arbeitsmustern befragen lassen und herausgefunden, dass ein Fünftel von ihnen ausgeprägt mit Zerstreutheit, Zeitverschwendung und Aufschubtaktiken zu kämpfen hatte. Chronisches Aufschieben scheint auch ein kulturübergreifendes Phänomen zu sein und eines, von dem Frauen und Männer gleichermaßen betroffen sind.
Ferraris Erhebung wurde in den USA, in Großbritannien, Spanien, Venezuela, Peru, Australien durchgeführt, und die Ergebnisse waren sich sehr ähnlich. Diese weite Verbreitung von Arbeitsstörungen ist seiner Meinung nach nicht einfach als Marotte abzutun, sondern sie hat auch gravierende ökonomische und soziale Folgen.

Vom Phänomen «Aufschieberitis» betroffen sind alle gesellschaftlichen Gruppen, wobei es jedoch überdurchschnittlich viele Studierende und freiberuflich Arbeitende unter den chronischen Aufschiebern gibt – also Personengruppen, die sich ihre Zeit relativ frei einteilen können. Nicht an feste Arbeitszeiten gebunden zu sein, eröffnet viele Möglichkeiten, nicht das zu tun, was aktuell ansteht. Niemand zwingt einen unmittelbar dazu, eine bestimmte Aufgabe sofort erledigen zu müssen. Man kann selbst entscheiden, wann man aktiv wird. Entweder man verpflichtet sich dann selbst dazu und handelt, oder man führt alle möglichen Gründe dafür an, die eigene Untätigkeit vor sich selbst zu rechtfertigen.

Auch in Unternehmen sollte man die Probleme nicht unterschätzen, die infolge zeitlicher Verzögerungen hervorgerufen werden. Dort zählt chronisches Aufschieben mit zu den größten Ressourcenräubern und beeinträchtigt die Produktivität ganz erheblich. In unzähligen Büros werden täglich Aufgaben auf den Schreibtischen abgelegt, die «eigentlich noch warten können». Und so warten sie: bis zum Nachmittag … bis zum nächsten Tag … bis zum Wochenende. Bis sich auf einmal herausstellt, dass die Angelegenheit doch nicht so belanglos war und schon längst hätte auf den Weg gebracht werden müssen. Der Grund dafür, sie liegen zu lassen, war nicht wirklich, dass die Aufgabe «eigentlich noch warten kann», sondern dass sie einem aus persönlichen Gründen unangenehm war.

Zum einen kann Unerledigtes auf dem Schreibtisch eines Einzelnen den Arbeitsfortschritt eines ganzen Teams blockieren, zum anderen können ständige Verzögerungen recht schnell zu einem Berg anwachsen, der sich dann umso schwerer abtragen lässt. Häufig resultieren daraus unnötig viele Überstunden, andauernde Störungen in der Auftragsabwicklung und Verärgerung beim Kunden – und dem Betriebsklima tut dies auch nicht gut. Trotzdem wird allerorten aufgeschoben: die Präsentation für die Unternehmensführung, der regelmäßig anzufertigende Geschäftsbericht, die Akquise neuer Aufträge, die Steuererklärung, die Studienarbeit, Projekte werden nicht innerhalb der Abgabefrist abgeschlossen, man meldet sich nicht wie abgesprochen beim Auftraggeber, man bereitet sich nur unzureichend auf wichtige Prüfungen, Verhandlungen oder Vorstellungsgespräche vor. Gerne werden diese Angelegenheiten immer weiter in die Zukunft verschoben, auf «morgen» eben, ja, da will man endlich in die Gänge kommen, da wird alles ganz anders sein! In diesem Augenblick glaubt man dies tatsächlich oder man will es glauben und fasst gute Vorsätze, in Zukunft «anders» an die Sache herangehen zu wollen.

Im Moment des Aufschiebens tritt fatalerweise eine spontane Erleichterung ein, da die aufgeschobene Tätigkeit einem so unangenehm erscheint, dass man froh ist, jetzt etwas anderes tun zu «dürfen». Etwas, was weniger Angst und Widerwillen erzeugt und einfacher oder rascher zu erledigen ist. Und so treten dann belanglose, ablenkende Tätigkeiten auf den Plan, die als Vorwand sich selbst und anderen gegenüber dienen, die eigentliche Aufgabe nicht anpacken zu müssen. Der Druck weicht – bis der morgige Tag dann angebrochen ist und das gleiche Spiel von vorne beginnt. Und selten ist die momentane Erleichterung völlig ungetrübt; vielmehr spukt das Aufgeschobene noch weiter im Kopf herum: «Eigentlich sollte ich ...», aber den Schritt zurück an den Schreibtisch tut man dann doch nicht.

Als chronische Aufschieber ziehen wir viele Schleifen aus guten Vorsätzen und beschämten Nachsätzen. Wir lassen Dinge, die wir selbst zwar als wichtig, aber auch als problematisch einstufen, oft bis zum letztmöglichen Zeitpunkt liegen, manchmal sogar so lange, bis die allerletzte Frist verstrichen ist. Wir nehmen uns dann immer wieder von Neuem vor, nun endlich tätig zu werden, aber der gute Vorsatz wird jedes Mal wieder zunichte gemacht. Während eines solchen, oft Wochen andauernden permanenten Vor-sich-her-Treibens einer bestimmten Aufgabe von einem Tag auf den nächsten wächst dann der innere Druck und wachsen auch die Selbstzweifel und das schlechte Gewissen.

Meist sind wir uns dabei durchaus bewusst, die eigenen beruflichen und persönlichen Erfolge zu behindern, schaffen es aber trotzdem nicht, in die Gänge zu kommen. Wir befinden uns damit in einem andauernden spannungsreichen Dilemma: Einerseits wollen wir die leidige Aufgabe doch schon längst hinter uns gelassen haben, andererseits aber die negativen Begleiterscheinungen, die die Arbeit daran mit sich bringen könnte (Mühe, Unsicherheit, Frustration), unbedingt vermeiden. Das Aufrechterhalten dieses Konflikts kostet uns immer wieder eine Menge Energie.

«Nicht, was ich will, tue ich, sondern was ich hasse.»
Apostel Paulus, Brief an die Römer

Mit chronischem Aufschieben sind sehr häufig auch Gefühle von Scham und Peinlichkeit verbunden. Noch weniger, als wir es uns selbst eingestehen können, wollen wir es anderen gegenüber zugeben, zeitlich im Verzug zu sein, und nutzen dann häufig Ausflüchte oder phantasievolle Erklärungen, um nicht als unfähig oder schlecht organisiert dazustehen. Das geht so weit, bestimmte Kontakte ganz zu meiden, um nicht mehr nach dem Arbeitsstand gefragt zu werden.

Häufig fühlen wir uns auch in unserer Mañana-Haltung dadurch bestätigt, dass sich durch Aufschieben tatsächlich manches auch von alleine erledigt. Wir können es «aussitzen» und haben den Eindruck, uns viel unnötigen Aufwand erspart zu haben. Auch wenn wir beispielsweise oft die Erfahrung gemacht haben, dass uns letztlich andere beispringen und uns «retten», indem sie eine dringende Aufgabe für uns übernehmen, verführt das natürlich umso mehr dazu, Anstehendes liegen zu lassen. Vielleicht haben wir auch den Eindruck, es würde uns vor Überlastung schützen, wenn wir uns hinter einem Ablage-Berg verschanzen. Der Kelch zusätzlicher Aufgaben könnte an uns vorübergehen, wenn der Chef sieht, dass wir doch noch jede Menge zu tun haben.

Wer mit solchen Taktiken bisher immer ganz gut durchgekommen ist, sieht natürlich wenig Grund, an seinen Strategien etwas zu ändern. Dazu kommt noch, dass manche Vorhaben nach einiger Zeit tatsächlich leichter und zügiger zu bearbeiten sind, weil wir bis dahin ausführlichere oder genauere Informationen darüber erhalten haben. Auch dadurch fühlen wir uns in unserem Aufschiebeverhalten bestätigt.

Mit jeder gelungenen Verschiebeaktion verfestigt sich dieses Verhalten weiter. Dennoch wiegen solche möglichen Vorteile des permanenten Vertagens den Ärger und den Frust nicht auf, den wir in der Folge damit haben können.

- Je ausdauernder wir Unangenehmes vor uns herschieben, desto schwerer wird es uns fallen, uns aufzuraffen, das Anstehende endlich auf den Weg zu bringen.
- Die Gedanken, die häufig immer wieder zum unerledigt Gebliebenen zurückdriften: «Ich müsste, wollte, sollte doch eigentlich …», produzieren Stress und beeinträchtigen auch unsere Konzentration bei anderen Aufgaben – was dann bei diesen Tätigkeiten leicht einen höheren Zeitaufwand nach sich zieht oder auch vermehrt zu Fehlern führt – was uns

dann möglicherweise neue, noch größere Probleme beschert.

- Einen großen Teil unserer Energie verschwenden wir beim Vermeiden dessen, was getan werden müsste, auch auf banale Ersatzhandlungen, die für unser Fortkommen völlig irrelevant sind. In unseren Gedanken sind wir aber vollständig absorbiert von der zu erledigenden Aufgabe, indem die Erinnerung daran immer wieder anklopft und wir immer wieder abwehren.
- Oft belastet das Unerledigte die Gedankenwelt unterschwellig weiter bis in die Freizeit hinein, sodass wir angespannt bleiben, wo wir uns eigentlich entspannen und mal richtig abschalten wollten. Dauerhaft geht dies auf Kosten unserer Erholungsfähigkeit.
- Richtig schlimm wird es spätestens dann, wenn wir auch nachts nicht mehr richtig zur Ruhe kommen, sondern uns schlaflos im Bett wälzen, gequält von all den Problemen, die wir uns mit unserer andauernden Aufschieberei beschert haben.
- Oft gehen wir hart mit uns ins Gericht wegen unseres Verhaltens, geloben uns Besserung und fassen einen noch weitergehenden Vorsatz für den nächsten Tag, etwa, noch früher anzufangen, alles Liegengebliebene aufzuarbeiten, uns durch überhaupt nichts ablenken zu lassen, noch mehr zu schaffen, keine einzige Pause zu machen …, um dann zu sehen, dass wir auch morgen dieselben geblieben sind, die wir heute schon waren. Strikte Vorsätze zu mehr Selbstdisziplin erzeugen oft nur umso stärkere Unlustgefühle, aber keine Verhaltensänderung.

Als chronische Aufschieber haben wir immer Gründe, warum wir gerade jetzt *nicht* aktiv werden können. Wenn wir aber auf diese Weise ständig erleben, wie wir an den eigenen oder den an uns herangetragenen Ansprüchen scheitern, beginnen wir über kurz oder lang ganz generell an uns selbst und unserer Leistungsfähigkeit zu zweifeln.

Kleines Brevier der Schutzbehauptungen

Chronische Aufschieber sind erfinderisch. Gründe dafür, warum man gerade jetzt etwas Bestimmtes nicht anpacken kann, gibt es in Hülle und Fülle, wie nachfolgende Zusammenstellung anschaulich zeigt:

Was wir uns gerne sagen

- Heute ist einfach nicht mein Tag; morgen finde ich ganz sicher den Einstieg.
- Ich habe jetzt keine Zeit dafür.
- Ich muss einfach erst in der richtigen Stimmung dafür sein.
- Ich habe doch noch jede Menge Zeit. Es ist noch so lange hin, bis diese Arbeit wirklich fertig sein muss.
- Ich muss erst noch andere Dinge erledigen, wenn die gemacht sind, dann …
- Mir fehlt einfach noch eine wirklich zündende Idee.
- Warum soll ich überhaupt so viel für dieses Projekt tun? Das ist nicht fair!
- Vielleicht erledigt sich die Sache ja von selbst.

- Ich arbeite unter Druck am allerbesten, also erledige ich dies erst dann, wenn's wirklich brenzlig wird. Wenn ich dann damit anfange, läuft es wie von selbst.
- Mir ist das jetzt einfach zuwider. Und wenn ich keine Lust dazu habe, wird es sowieso nichts.
- Ich sehe keinen Sinn darin, das überhaupt zu erledigen.
- Ich beschäftige mich schon so lange mit dieser Aufgabe, da fehlt mir jetzt einfach die Energie zum Weitermachen.
- Ich hätte ja wirklich gern damit angefangen, aber es gab besondere Umstände, die mich daran gehindert haben.
- Wahrscheinlich kommt mir morgen, wenn ich ausgeruht und fit bin, eine gute Idee dazu.
- Ich habe es einfach vergessen – obwohl ich es doch *wirklich* tun wollte.

Morgen, morgen, nur nicht heute …

Aufschieben dient oft dazu, sich Idealvorstellungen zu erhalten. Solange die Stunde der Wahrheit noch nicht angebrochen ist, müssen wir uns nicht mit konkreten Problemen und Konflikten auseinandersetzen, sondern können weiter davon träumen, dass es uns schon «irgendwie» gelingen wird, das Vorhaben umzusetzen. Erklärungsversuche dafür, weshalb wir Dinge von heute auf morgen und von morgen auf übermorgen vertagen, gibt es viele, jedoch keinen für jedes Aufschiebephänomen gleichermaßen gültigen Grund. Als kleinsten gemeinsamen Nenner ließe sich festhalten, man benutze Aufschieben dazu, Unlustgefühlen aus dem Weg zu gehen, die mit bestimmten Vorhaben in Zusammenhang stehen.

Manche, die Aufgaben regelmäßig vor sich herschieben, argumentieren gern damit, sie ließen deshalb wichtige Projekte bis zum letzten Moment liegen, weil sie erst dann richtig zur Höchstform auflaufen würden. Sie sind überzeugt davon, den Adrenalinschub kurz vor der Deadline zu brauchen, um ihr Bestes geben zu können. Sie glauben, nur unter der Zeitknute kreativ sein zu können, und beginnen erst ein paar Tage vor Abgabetermin mit der Arbeit an der Aufgabe, für die sie eigentlich mehrere Wochen Zeit hatten. Brauchen sie wirklich diesen Nervenkitzel, es unter Druck in letzter Minute doch noch zu schaffen? Es ist stets ein Spiel mit dem Feuer. Was, wenn die zündenden Ideen sich dann nicht auf Bestellung einfinden?

In den meisten Fällen führt Aufschieben nicht zu besseren Leistungen, sondern eher zu fehlerhaften Ergebnissen. Der Studierende, der sein Lernpensum wochenlang nach hinten geschoben hat, absolviert seine Prüfungen nicht rechtzeitig und muss dann Semester wiederholen. Die Rednerin, die ihr Manuskript im letzten Moment zusammenstrickt, verheddert sich in ihrem Vortrag und ist für Nachfragen schlecht gerüstet. Der Journalist, der die Recherchen zu seiner Reportage immer weiter hinausschiebt, produziert am Ende einen flachen Artikel voller Allgemeinplätze, was ihm dann abfällige Leserbriefe einbringt.

Aufschieben ist ein paradoxes Phänomen: Wir wollen es uns kurzfristig leicht machen und vermeiden es, uns mit einem wichtigen anstehenden Projekt zu beschäftigen, weil der Gedanke daran Unbehagen auslöst. Gerade dadurch machen wir uns aber die Sache längerfristig komplizierter, als sie eigentlich sein müsste.

Der amerikanische Psychologe und Fernsehmoderator Phillip McGraw sieht eine gewisse (Psycho-)Logik in diesem scheinbar widersinnigen Verhalten: Als chronische Aufschieber verhalten wir uns so, weil es funktioniert. Auf der Bewusstseinsebene wollen wir nicht so handeln und verurteilen uns oft auch deswegen, doch auf der unbewussten Ebene erfüllt das Aufschieben einen wichtigen Zweck und wird belohnt. Dieser Zweck ist so bedeutsam, dass dafür auf der bewussten Ebene unangenehme Folgen in Kauf genommen werden.

Viele Menschen, die erst dann mit der Arbeit beginnen, wenn der innere Druck den Siedepunkt erreicht hat, bezeichnen sich selbst als träge oder faul und führen den «inneren Schweinehund» ins Feld, der Anstrengung scheut und es lieber gemütlich haben will. Sicher, manchmal sind tatsächlich nur Bequemlichkeit und Passivität im Spiel. Wenn jemand einfach nur faul ist, geht er der Herausforderung aus dem Weg und tut dann auch nichts anderes, was ihn irgendwie fordern könnte. Deshalb lohnt es sich, zu schauen, ob sich hinter der vermeintlichen Faulheit nicht doch andere Gründe verbergen. Häufiger als reine Bequemlichkeit stehen hinter dem chronischen Aufschieben nämlich persönliche Ängste und Befürchtungen.

Die meisten chronischen Aufschieber bleiben nicht passiv, sondern entfalten eine Menge Aktivität – nur um nicht die eigentliche Aufgabe in Angriff nehmen zu müssen. Sie räumen auf, sortieren Unterlagen, schreiben Mails, ordnen Dateien, erledigen vielleicht auch andere, aufgeschobene Dinge, machen alles, um das nicht tun zu müssen, was ihnen gerade das größte Unbehagen bereitet.

Der Grafiker beispielsweise, der perfekte Ergebnisse von sich erwartet, will ein durch und durch innovatives Design präsentieren, in dem jedes Detail stimmig ist. Da er aber befürchtet, den eigenen Ansprüchen nicht zu genügen, hält er sich lange damit auf, Ansätze zu skizzieren und wieder zu verwerfen. Dann geht er ins Internet, um sich durch die Ideen anderer inspirieren zu lassen. Schließlich räumt er einen Ordner mit alten Entwürfen auf und schaut, ob vielleicht dort eine Anregung drinstecken könnte. Nachdem das alles nichts gebracht hat, nimmt er sich den Entwurf einer Visitenkarte für einen anderen Kunden vor, was ihm wenig Aufwand abverlangt. Und wenn er schon mal dabei ist, könnte er nun doch endlich Ordnung in die Arbeitsmappe für diesen Kunden bringen. Außerdem müsste er doch auch noch für einen weiteren Kunden ein Skribble machen und überdies seinen Kalender aktualisieren …

Der Grafiker schiebt seine konkrete Arbeit an dem ganz bestimmten Design nicht aus Faulheit oder Trägheit auf, sondern um ebendieser Angst vor einem Schiffbruch seiner eigenen Ansprüche auszuweichen. Ein nur mittelmäßiges Ergebnis könnte er nicht akzeptieren, es käme einem Scheitern gleich. Die Folgen dieser Versagensangst sind absehbar: Er scheut mit jedem neuen Ausweichen mehr davor zurück, überhaupt zu beginnen, und findet immer wieder neue Dinge, die ihm stattdessen wichtig erscheinen. Hat er sich dann doch aufgerafft, kommt unweigerlich bei der ersten auftauchenden Schwierigkeit die nächste Klippe in Sicht, bei der er dann vielleicht von Neuem alles verwirft und wieder am Anfang steht. Selbst wenn er sich letztlich mit viel Stop-and-Go durchgehangelt hat, weil ihm einfach die Zeit davongelaufen ist: So richtig zufrieden kann er nicht sein. Es hätte viel besser werden können.

«Müde macht uns die Arbeit, die wir liegen lassen,
nicht die, die wir tun.»
Marie von Ebner-Eschenbach

Auch die Autorin, die auch im zwölften Anlauf ihren Roman noch nicht fertig geschrieben hat, ist alles andere als faul oder träge. Vielmehr vermeidet sie mittels einer endlosen Serie von Überarbeitungen die Angst, sich mit ihrem Buch der allgemeinen Kritik auszusetzen oder sogar damit leben zu müssen, dass das Projekt ein Flop wird. Im Grunde zweifelt sie daran, ob sie wirklich das Zeug dafür mitbringt, einen spannenden Thriller zu schreiben. «Schreibblockade» ist ein Wort, das sie nur allzu gut kennt. Wie oft sitzt sie an ihrem großen Projekt, ohne dass etwas vorwärtsgeht. Jeder neue Anlauf führt zu neuen Zweifeln, sodass sie sich inzwischen schon vor dem Anfangen entmutigt fühlt.

Menschen, deren Angst vor einem Scheitern sehr stark ausgeprägt ist, meiden meist auch Situationen, die ihnen zwar Chancen auf einen Erfolg eröffnen würden, in denen aber auch die Möglichkeit des Misserfolgs relativ hoch ist. Lieber gehen sie auf Nummer sicher und lassen unter Vorwänden die Chance ungenutzt verstreichen. Sie schieben dann beispielsweise eine Bewerbung so lange vor sich her, bis der Abgabetermin vorbei ist. Aufschieben erweist sich hier als ein probates Mittel dafür, ein mögliches Scheitern schon weit im Vorfeld abzubiegen.

Oft entsteht ein Hang zum chronischen Aufschieben auch aus negativen Erfahrungen heraus. Wer einmal, zweimal, dreimal Ansprüchen nicht standgehalten hat, ist entmutigt und entwickelt häufig starke Versagensängste. Solche Personen gehen allen

Situationen aus dem Weg, die sie wiederum in die missliche Lage bringen könnten, als Versager dazustehen. Statt sich auf ihre Stärken zu konzentrieren und sich den dazu passenden Herausforderungen zu stellen, haben sie ihre Schwächen im Auge und wollen vermeiden, dass diese noch einmal offenbar werden könnten. Durch das extreme Vermeidungsverhalten verengt sich dann der Aktionsradius stark.

Es gibt aber nicht nur die Angst zu versagen, es gibt auch die Angst vor Erfolg, und sie ist häufiger, als man auf den ersten Blick annehmen möchte. Will in einer Gesellschaft, die Erfolg als einen ihrer höchsten Werte etabliert hat, nicht jeder erfolgreich sein? Offensichtlich nicht, denn Erfolg bedeutet oftmals auch Veränderung. Wer sein Examen bestanden hat, muss die gewohnte Welt der Universität verlassen und sich mit den Konsequenzen eines Ortswechsels, mit neuen Herausforderungen und dem Verlust von vertrauten Bindungen auseinandersetzen. Er weiß nicht, was ihn erwartet – und was von ihm erwartet wird. Auch Erfolg im Job kann durchaus zweischneidig sein. Neben dem Aufstieg in der Firmenhierarchie und dem Plus an Gehalt bedeutet es aber auch eine größere Verantwortung, der gerecht zu werden ist. Bisher erworbenes Know-how reicht nicht mehr, und man muss sich viel Neues antrainieren, und nicht alles davon entspricht den eigenen Neigungen. Man zieht durch eine Beförderung möglicherweise auch Neid und Missgunst auf sich. Hinter Erfolgsangst kann sich so auch Versagensangst verbergen: Je höher man aufsteigt, desto tiefer kann man fallen, also lieber dieses Risiko nicht eingehen. «Methatesiophobie», die Furcht vor Veränderung, bewirkt, lieber in einer suboptimalen Situation zu verharren, als sich einem möglichen Absturz auf der

Erfolgsleiter auszusetzen. Erfolg, der die Erwartung weiterer Erfolge nach sich zieht, kann bisher latent vorhandene Selbstzweifel kräftig schüren. So kann es passieren, dass uns kurz vor dem Ziel mehr und mehr die Puste ausgeht und wir das Wenige, was jetzt noch erforderlich wäre, plötzlich vor uns herschieben. Auf einmal sind Interesse und Begeisterung verschwunden. Wir wollen nicht mehr, nicht mehr wirklich, wir stehen nicht mehr dazu.

Als ein Grund für das Aufschieben von Aufgaben kann auch eine mangelnde Konzentrationsfähigkeit gelten, die es schwer macht, sich über längere Zeiträume hinweg einer Aufgabe zu widmen. Die Gedanken schweifen leicht ab, auch Reize von außen stören die Aufmerksamkeit und verführen dazu, schnell mal eine Unterbrechung einzulegen. Meist ist die Konzentrationsschwäche auch gepaart mit einer sehr niedrigen Frustrationstoleranz. Man wird schnell unmutig und sauer, wenn es nicht voranzugehen scheint und sich nicht sofort ein Erfolg abzeichnet.

«Holzhacken ist deshalb so beliebt,
weil es schnelle Erfolgserlebnisse garantiert.»
Albert Einstein

Erfolgserlebnisse – nicht nur die großen und triumphalen, sondern auch die kleinen und klitzekleinen – bescheren schöne Momente. Wer sich schwer damit tut, sich über längere Zeit zu konzentrieren, dem fehlen diese Mini-Erfolgserlebnisse, die an Arbeitsfortschritte gekoppelt sind. Da die Gedanken leicht abschweifen, muss man sie immer wieder zurückholen und sich neu in seine Aufgabe einfinden und kommt auch deswegen nur langsam voran, was Missmut und Unzufriedenheit schürt. So ist man versucht, sich auf eine andere Weise schnell ein gutes Gefühl zu verschaffen, und verschiebt die eigentliche Aufgabe zugunsten einer weniger anspruchsvollen, weniger wichtigen, dafür aber schneller abgeschlossenen Aufgabe. Wer sich mit einer bestimmten Tätigkeit herumquält, wird oft sehr aktiv und kreativ in Bezug auf andere Dinge, die nichts damit zu tun haben.

In manchen Fällen hängt das Aufschieben mit einem unbewussten Aufbegehren gegen die Spielregeln in der Firma zusammen bzw. gegen die Rahmenbedingungen des Studiums oder auch gegen gesellschaftliche Konventionen und Wertvorstellungen ganz allgemein. Die Aufgabe, die erledigt werden soll, ist weder selbst gewählt noch hat sie etwas mit den eigenen Interessen zu tun. Unterschwellig wird in den eigenen Bemühungen kein Sinn gesehen, da das zu erreichende Ziel persönlich nicht lockend genug erscheint. Die Aufgabe wird lediglich als eine lästige Verpflichtung gesehen, die einem von anderen aufgehalst wurde. Da regt sich dann natürlich innerer Widerstand. Wer fühlt sich schon gern ferngesteuert?

Eine explosive Mischung aus Zeitmangel, Unlust und Hilflosigkeit kann sich auch durch fehlende Prioritätensetzung zusammenbrauen. Da ist man dann förmlich umzingelt von Arbeiten, die alle wichtig erscheinen und alle erledigt werden sollen – es fehlen aber Kriterien, sie in eine sinnvolle Reihenfolge zu bringen. Man weiß nicht, wo man anfangen soll, und weil diese Entscheidung so schwerfällt und der vor einem liegende Berg so hoch erscheint, schafft man dann erst einmal Abstand zu diesem

Druck, macht sich vielleicht den vierten Kaffee und checkt die E-Mails …

Das Problem, die richtigen Prioritäten zu setzen, tritt oft auch in Überlastungssituationen auf. Die Aufgabenfülle, mit der man konfrontiert ist, ist zu groß, um sie bewältigen zu können. Es lasten bereits zu viele Verpflichtungen auf den Schultern, denen man allen gerecht werden soll. Man fühlt sich infolge der vielen Anforderungen überfordert und befürchtet, neben all dem anderen, was ansteht, nicht genügend Zeit für die Aufgabe, die gerade im Vordergrund stehen soll, aufwenden zu können. Man müsste anderes aufschieben, aber was? Alles erscheint wichtig und dringlich zugleich. Eigentlich bräuchte man Erholung, denn man fühlt sich schon seit Längerem erschöpft und verspürt ganz allgemein einen Mangel an Energie und Tatkraft. Je größer der Arbeitsstau dann wird, desto mehr scheint sich auch ein Gefühl der Lähmung breitzumachen. Dies baut großen inneren Druck auf, dem man gerne entkommen würde.

Chronisches Aufschieben – die Gründe im Überblick

- Probleme mit der Aufgabenstellung
- Selbstzweifel
- Probleme im Zeit- und Selbstmanagement
- Hang zum Perfektionismus
- Unlust und Bequemlichkeit
- Konzentrationsprobleme
- Angst vor Kritik
- Unbewusste Verweigerungshaltung
- Überforderung

Aufschieben ist also ein Phänomen mit vielen Facetten und kann auf ganz unterschiedliche Gründe zurückzuführen sein. Jeder hat dabei seine Baustellen woanders, hat seinen ganz individuellen Cocktail von Unlustauslösern und verschiedene Motive dafür, weshalb er Anstehendes nicht auf den Weg bringt.

Oftmals führen das chronische Aufschieben und die damit verbundene Unzufriedenheit mit dem eigenen Verhalten zu einer Art Endlosschleife. Die Angst zu versagen führt zum Aufschieben, um sich nicht mit dieser Angst auseinandersetzen zu müssen. Es folgen Selbstvorwürfe, weil man ja eigentlich weiß, dass Aufschieben nichts besser macht. Man verstärkt den Druck, jetzt doch handeln zu müssen, fasst umso bessere und härtere Vorsätze – an denen man dann wiederum scheitert und dadurch enttäuscht ist über sich selbst. Die Angst zu versagen wächst. Man schiebt auf, um sich nicht mit dieser Angst auseinandersetzen zu müssen, usw.

Dieser Weg führt in eine Sackgasse. Mehr Druck kann nicht die Lösung sein. Es müssen andere Strategien Abhilfe schaffen.

Jeder, der chronisch aufschiebt, hat dies irgendwann einmal gelernt – und kann es auch wieder verlernen. Man muss nicht jeden Aspekt der eigenen «Aufschieberitis» bis ins letzte Detail ausgekundschaftet haben, um etwas verändern zu können. Wichtig ist, die Gründe für das eigene Verhalten und die damit verbundenen Gefühle und Überzeugungen im Grundsätzlichen zu kennen, damit man am richtigen Hebel für Veränderungen ansetzt. Denn dass Veränderung notwendig ist, erklärt sich schon aus den gravierenden negativen Folgen, die ein stetig lastender Berg unerledigter Aufgaben nach sich zieht. Als chronische Angewohnheit bringt das Aufschieben auch chronische berufliche, familiäre und persönliche Konflikte mit sich. Wichtige Vorhaben werden nicht zu Ende geführt, ein Projektabschluss wird immer weiter hinausgezögert und die Projektkosten verdoppeln sich – ein Karrierebruch droht. Für die nicht pünktlich fertiggestellte Steuererklärung ist ein Zwangsgeld fällig. Um die Semesterpunktzahl zu erreichen, fehlt ein Essay.

Chronisches Aufschieben führt nicht nur zu negativen Feedbacks von außen und vielen kleinen und größeren Kratzern in der Selbstakzeptanz und im Selbstvertrauen, sondern es stellt auch eine unterschwellige Dauerbelastung für Gesundheit und Wohlbefinden dar.

Wie chronisches Aufschieben sich auch körperlich auswirken kann

- Die latente Unzufriedenheit mit dem eigenen Verhalten und der Arbeitsleistung kann zu einer andauernden, auch körperlichen Anspannung führen. Als Folge davon treten häufig psychosomatische Störungen wie Kopf- und Rückenschmerzen auf.
- Wer sich häufig durch Aufschieben Steine in den Weg legt und sich selbst damit um gute Chancen bringt, ärgert sich viel mehr als Menschen, die sich auf ihre Vorhaben konzentrieren und sie Schritt für Schritt auch umsetzen. Ständiger Ärger, besonders auch unterdrückter Ärger, schwächt das Immunsystem. Als Folge davon können Infektionen und Allergien auftreten.
- Ständige Selbstzweifel, das Gefühl, einfach nie gut genug zu sein, beeinträchtigen die Lebensfreude und rauben die Energie. Dies kann sich in einer Vielzahl körperlicher Missbefindlichkeiten und auch einem ständigen diffusen Kränkeln spiegeln. Man ist nicht eigentlich krank, fühlt sich aber auch nicht richtig gesund. Da ist der Schnupfen, der sich lange hinzieht, der «nervöse» Magen, vielleicht auch Kreislaufbeschwerden, häufige Mattigkeit, Schwindelgefühle ... Indizien für einen unterschwelligen Kleinkrieg mit sich selbst.

Wie Sie möglichst viel Nutzen aus diesem Buch ziehen

Wenn Sie zu den chronischen Aufschiebern gehören, dann leiden Sie wahrscheinlich manchmal sehr unter Ihrem Verhalten und den Konsequenzen, die ja oft weitaus unangenehmer sind, als es das eigentliche Vorhaben gewesen wäre. Sie verstehen sich selbst nicht mehr, warum Sie zum einen wissen, was zu tun ist, und zum anderen trotzdem nicht aktiv werden.

Wenn Ihnen durch chronisches Aufschieben wichtiger Dinge mehrere gute Chancen durch die Lappen gegangen sind, Sie sich ausgiebig über sich selbst geärgert haben, aber alle guten Vorsätze Schall und Rauch geblieben sind, sind Sie wahrscheinlich offen dafür, neue Strategien auszuprobieren, um dieses Problem dauerhaft zu lösen. Gangbare Wege sind gefragt, mit denen Sie Ihr Arbeitsverhalten verbessern, effektiver und konzentrierter arbeiten können, um die «Aufschieberitis» so weit in den Griff zu bekommen, dass Sie Ihre Chancen besser nutzen als bisher.

Die sieben Schritte dieses Buches zeigen Ihnen einen gangbaren Weg auf, wie es gelingen kann, sich auf die hauptsächlichen Vorhaben zu konzentrieren, die richtigen Prioritäten zu setzen, den Einstieg hinzubekommen sowie das nötige Durchhaltevermögen dafür zu entwickeln, wichtige Aufgaben in der vorgesehenen Zeit durchzuführen und abzuschließen.

Legen Sie sich am besten ein persönliches Logbuch an, in dem Sie die Ergebnisse der praktischen Übungen aus diesem Buch festhalten und in dem Sie Einfälle, Einsichten und persönliche Schlussfolgerungen notieren können. Dokumentieren Sie darin auch alle Veränderungen, die Sie in Ihrem Denken und Verhalten bemerken.

Sinnvoll ist, nach jedem der sieben Schritte eine kleine Pause einzulegen und zu reflektieren, welche der vorgeschlagenen Strategien einen positiven Einfluss auf Ihre Situation und Ihr Arbeitsverhalten haben könnten – und, bevor Sie weiterlesen, dann erst einmal mit dem, was Sie gelesen haben, praktisch zu experimentieren.

Selbsttest: Wann und warum schieben Sie auf?

Schritt 1 gibt einen Einblick in die Denk- und Verhaltensmechanismen, die der Gewohnheit des chronischen Aufschiebens zugrunde liegen können. Mittels eines Tests kommen Sie Ihren persönlichen Hauptauslösern für den Hang zum Aufschieben auf die Spur. Indem Sie herausfinden, ob eher Selbstzweifel oder Bequemlichkeit im Spiel sind oder ob Perfektionismus oder das Warten auf den Erregungskick die maßgeblichen Aktionsverhinderer sind, können Sie genauer einschätzen, wo anzusetzen ist, um künftig besser in die Gänge zu kommen. Außerdem erfahren Sie, welche Überzeugungen und Befürchtungen hinter häufig verwendeten Schutzbehauptungen stecken können.

Die Folgen chronischen Aufschiebens sind jedem Betroffenen klar. Man fragt sich ein ums andere Mal, warum man Dinge aufschiebt, obwohl man es doch eigentlich besser weiß. Denn dass man sich mit diesem Verhalten handfeste Nachteile einhandelt, das findet man ja immer wieder aufs Neue bestätigt: Arbeitsstau, verpasste Termine, fehlerhaftes Arbeiten unter starkem Zeitdruck, ständige Ausreden, Ärger und Konflikte mit anderen. Es muss also neben der kurzzeitigen Erleichterung noch weitere Vorteile haben, Dinge auf die lange Bank zu schieben, denn ein Verhalten, das fast ausschließlich Nachteile hat, hält wohl niemand über längere Zeit hinweg aufrecht. Diese Vorteile hängen aber jeweils stark mit den persönlichen Motiven für das Aufschieben zusammen: Jeder hat seinen speziellen Motivcocktail.

Welcher Aufschiebetyp sind Sie?

Der nachfolgende Selbsttest erhebt nicht den Anspruch, ein genaues Psychogramm zu liefern, sondern will Tendenzen, Motive und Muster aufzeigen. Kaum jemand hat mit allen Motiven gleich intensiv zu tun, vielmehr gibt es bestimmte Schwerpunkte, denen einzelne Denk- und Verhaltensgewohnheiten zuzuordnen sind.

Jemand, bei dem eher Versagensängste und eine Neigung zum Perfektionismus ausgeprägt sind, muss mit Verhaltensänderungen woanders ansetzen als jemand, der glaubt, erst auf den letzten Drücker zur Höchstform aufzulaufen. Wer Anstrengungen scheut, braucht eine andere Strategie als jemand, der dazu neigt, schnell das eigene Können infrage zu stellen.

Natürlich gibt es in jedem von uns meist alle vier Tendenzen, doch meist ist ein Aspekt derjenige, der uns am meisten davon abhält, uns Arbeiten sinnvoll einzuteilen, anzufangen und dranzubleiben. Mit Hilfe des Selbsttests können Sie Ihre heiklen Punkte herausfinden.

Und so geht es

Nehmen Sie zu jeder der folgenden Aussagen Stellung und entscheiden Sie, inwieweit jede auf Sie ganz persönlich zutrifft. Notieren Sie dazu jeweils eine Zahl zwischen 0 und 4, und lassen Sie bitte keine Aussage aus.

4 Punkte: Ist fast immer so.
3 Punkte: Kommt häufig vor.
2 Punkte: Ist ab und zu der Fall.
1 Punkt: Kommt selten vor.
0 Punkte: Ist gar nicht der Fall.

Die Testfragen

- Ich nehme mir immer wieder von Neuem vor, mit einer Aufgabe anzufangen, halte mich dann aber nicht daran, weil ich mich so hilflos fühle. (Z) ___
- Ich bin unsicher, ob ich meinen Aufgaben wirklich gewachsen bin. (Z) ___
- Bevor ich mit einer wichtigen Aufgabe beginne, muss ich erst aufräumen und andere Dinge tun, um mich zu beruhigen und abzulenken. (Z) ___
- Es ist mir peinlich, Fehler vor anderen zugeben zu müssen. (Z) ___
- Ich treffe ungern eine Entscheidung – lieber frage ich andere, was ich tun soll. (Z) ___
- Lob und Anerkennung sind sehr wichtig für mich. (Z) ___
- Wenn viele Aufgaben anstehen, gehe ich erst die kleineren an, die mir leichterfallen. (Z) ___
- Abends kann ich nur schwer abschalten, denn ich muss

immer an meine unerledigten Arbeiten denken und daran, ob ich das auch wirklich schaffen kann. (Z) ___

- Mich überfällt oft eine rätselhafte Angst, wenn ich darangehen will, ein Vorhaben in die Tat umzusetzen. (Z) ___
- Wenn ich die Erledigung einer Arbeit verschiebe, vergisst der andere es vielleicht, diese Arbeit einzufordern. (B) ___
- Ich brauche mehrere Anstöße dazu, bevor ich dann wirklich aktiv werde. (B) ___
- Bei anstehenden Arbeiten zweifle ich am Sinn dessen, was ich da tun soll. (B) ___
- Eigentlich sollte man nur Dinge tun, zu denen man voll motiviert ist. (B) ___
- Bei langweiligen und lästigen Tätigkeiten warte ich, bis sie sich von selbst erledigt haben. (B) ___
- Ich bin überzeugt davon, dass Arbeit Spaß machen muss, damit etwas Gutes dabei herauskommt. (B) ___
- Um unangenehme Dinge in Angriff zu nehmen, muss ich in der richtigen Stimmung dazu sein. (B) ___
- Wenn mir Aufgaben nicht von der Hand gehen wollen, frage ich mich, wofür der ganze Aufwand überhaupt gut sein soll. (B) ___
- Erst wenn die Zeit drängt, laufe ich zur Höchstform auf. (E) ___
- Ich arbeite am besten, wenn die Deadline unmittelbar bevorsteht. (E) ___
- Auch bei wichtigen Projekten sage ich mir, «Das geht schnell, ich kann auch noch bis nächste Woche warten.» (E) ___

- Ich pflege meine Aufgaben auf den letzten Drücker zu erledigen. (E) ___
- Ich bin ein eher spontaner Typ und will mich nicht festlegen. (E) ___
- Ich unterschätze die Zeit, die ich für ein Projekt wirklich benötige. (E) ___
- Wenn der Druck groß genug geworden ist, kann ich in kurzer Zeit Erstaunliches leisten. (E) ___
- Unter Stress arbeite ich viel effektiver als sonst. (E) ___
- Wenn mir Zeit zur Verfügung steht, fange ich etwas Neues an, statt noch offene Projekte abzuschließen. (E) ___
- Es fällt mir schwer, Aktivitäten oder Projekte rechtzeitig oder überhaupt zu Ende zu bringen. (P) ___
- Ich kontrolliere «zwischendrin» bereits erledigte Teilabschnitte meiner Arbeit mehrfach nach und versuche erst einmal, diese weiter zu optimieren. (P) ___
- Bevor ich mich an die Arbeit mache, verwende ich sehr viel Zeit auf die optimale Vorbereitung. (P) ___
- Für mich zählen nur perfekte Ergebnisse. (P) ___
- Ich nehme alles sehr genau und konzentriere mich darauf, auch in Details Fehler zu vermeiden. (P) ___
- Ich lege an alles, was ich tue, hohe Maßstäbe an. (P) ___
- Ich beende eine Arbeit nur ungern, solange sie aus meiner Sicht noch nicht einwandfrei ist. (P) ___
- Wenn ich mit einer Arbeit in Verzug bin, mache ich Überstunden oder lege auch mal Nachtschichten ein. (P) ___

- Es fällt mir schwer, mit den Ergebnissen meines Einsatzes zufrieden zu sein. (P) ___

Die Auswertung

Addieren Sie nun Ihre Punktzahlen in den jeweiligen Kategorien (Z), (B), (E) und (P).

(Z): ______ Punkte (B): ______ Punkte

(E): ______ Punkte (P): ______ Punkte

Tragen Sie die jeweilige Punktzahl in die nachstehende Grafik ein.

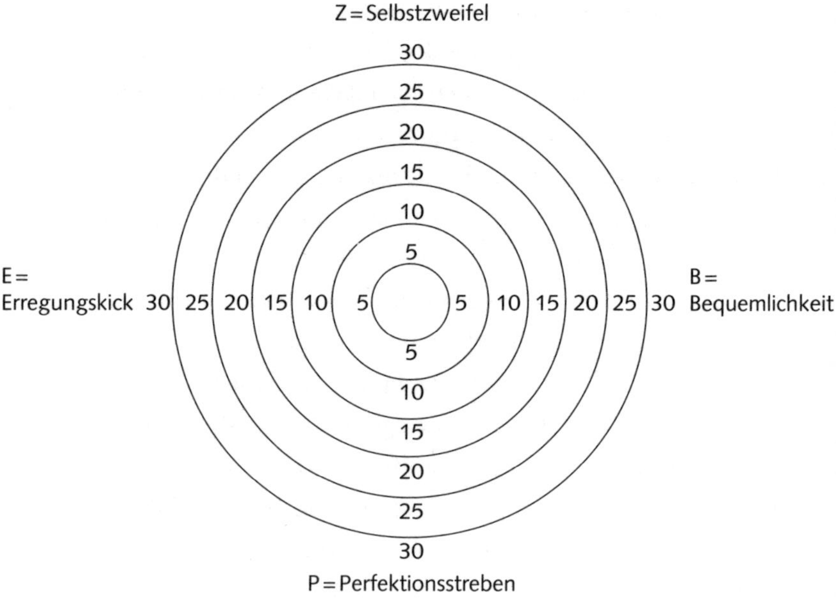

Verbinden Sie nun Ihre Werte auf den vier Achsen mittels einer Linie miteinander, sodass eine Raute entsteht. Je höher Ihre Punktzahl in (Z), (B), (E) oder (P) ist, desto ausgeprägter ist die jeweilige Präferenz mit den hauptsächlichen Gründen, die Sie zögern lassen, anstehende Aufgaben anzupacken: Selbstzweifel (Z), Bequemlichkeit (B), Perfektionsstreben (P) oder Warten auf den Erregungskick (E).

Ab einer Zahl von über 20 in einer Kategorie kann man von einer deutlichen Ausprägung eines Typs sprechen. Bei Werten zwischen 10 und 19 Punkten haben Sie zwar ab und zu Probleme im entsprechenden Bereich, jedoch nicht ständig. So werden Sie beispielsweise nicht bei jeder anstehenden wichtigen Aufgabe von Selbstzweifeln überfallen, sondern fühlen sich nur bei bestimmten Vorhaben überfordert. Und ein Hang zur Perfektion zeigt sich vielleicht nur dann, wenn es um Prüfungen, Vorstellungsgespräche oder öffentlichkeitswirksame Präsentationen geht usw. Bei einem Wert von unter 10 Punkten ist die entsprechende Präferenz bei Ihnen nur schwach ausgeprägt.

Vielleicht finden Sie sich nicht nur in einer einzigen Präferenz, sondern in mehreren wieder. Es ist auch möglich, dass Sie bei zwei oder drei Präferenzen zu nahezu gleich hohen Punktzahlen kommen und diese deutlich über 15 Punkten liegen, sodass also beispielsweise sowohl häufige Selbstzweifel für Sie ein Thema sind als auch ein Hang zum Perfektionismus oder die Tendenz, Anstehendes erst in allerletzter Minute überhaupt in Angriff zu nehmen. In diesem Fall sind für Sie alle Hinweise und Tipps bei denjenigen Präferenzen wichtig, bei denen Sie hohe Punktzahlen stehen haben.

Um die Gewohnheit des chronischen Aufschiebens aufzubrechen und sich neue Verhaltensstrategien anzueignen, sind die richtigen Ansatzpunkte besonders wichtig. Allgemeine Handlungsanweisungen aus dem Zeitmanagement greifen nur beschränkt. Diese Erfahrung haben Sie in bisherigen Anläufen zur Lösung des Problems sicherlich schon einige Male gemacht.

Alle vier Typen haben ihre speziellen Knackpunkte: Der eine kann Zeiträume schlecht einschätzen, die andere verzettelt sich schon in der Vorbereitung und weiß nicht, wo sie beginnen soll, ein Dritter kann mit Unlustphasen nicht umgehen, und jemand anders hat besondere Probleme damit, sich nicht schon im Vorfeld einer Aufgabe selbst zu entmutigen. Daraus resultieren verschiedene Strategien, um diese persönlichen Hindernisse aus dem Weg zu räumen.

Beim Ver-Lernen des chronischen Aufschiebens geht es nicht nur darum, das konkrete Verhalten durch ein neues zu ersetzen. Besonders wichtig ist auch, welche Überzeugungen jemand von sich selbst und seiner Arbeit hat, denn unsere Überzeugungen steuern die Gefühle und das Handeln – oder auch das Nicht-Handeln. Wenn wir Verhalten ändern wollen, müssen wir stets auch die dahinterliegenden Überzeugungen mit einbeziehen.

Die Präferenzen

Z = Selbstzweifel: «Eigentlich kann ich das nicht.»

Wenn Sie häufig an den eigenen Fähigkeiten zweifeln, schrecken Sie davor zurück, sich Situationen auszusetzen, in denen Ihnen Kritik oder Scheitern drohen könnte. Gerade bei Herausforderungen, die Sie als zu groß, zu anspruchsvoll oder zu komplex empfinden, schleichen sich Gefühle von Hilflosigkeit ein, und denen wollen Sie sich nicht aussetzen.

So beginnen und unterbrechen Sie eine Arbeit immer wieder, sobald die ersten Schwierigkeiten auftauchen. Sie machen erst einmal etwas anderes, in der Regel etwas Einfacheres, leichter zu Erledigendes und wollen später «ganz sicher» weitermachen, halten sich dann aber nicht daran und vertagen schließlich mit schlechtem Gewissen die Angelegenheit auf einen späteren Zeitpunkt.

Häufig erledigen Sie, bevor Sie in die Arbeit einsteigen, Tätigkeiten wie Aufräumen, Abwaschen oder Saubermachen, um die auftauchenden Gefühle von Unzulänglichkeit niederzuhalten oder die aufkeimende Furcht davor, sich den vor Ihnen liegenden Aufgaben nicht gewachsen zu zeigen. Schon der Gedanke an das befürchtete Versagen verursacht Stress. Manche Dinge nehmen Sie gar nicht erst in Angriff, weil Sie meinen, damit doch nur scheitern zu können.

Als Selbstzweifler suchen Sie häufig Bestätigung durch andere und reagieren positiv auf Lob und Zuspruch. Auch wenn Sie die Arbeit, um die es geht, nicht anpacken, sind Sie doch innerlich ständig dabei und können Ihre Gedanken schlecht von Ihrer Arbeit lösen. Die ungelösten Probleme und Konflikte drücken oft auf Ihre Stimmung.

Häufige Überzeugungen:

- «Ich bin nicht gut genug.»
- «Ich kann das nicht.»
- «Ich werde mich blamieren.»

Kleiner Denkanstoß:
Nur wer anpackt, was ihm Angst macht, hat die Chance, dazuzulernen und sicherer zu werden.

Beispiel:
Miriam, Hauptpräferenz Selbstzweifel
Miriam arbeitet freiberuflich als Rhetorik-Trainerin. So ganz freiwillig hat sie sich nicht selbstständig gemacht. Sie arbeitete vorher festangestellt bei einem Bildungsträger, der zwei Jahre zuvor in Konkurs ging. Nachdem sie keinen passenden neuen Arbeitsplatz fand, machte sie sich selbstständig. Ihre Einkünfte daraus reichen so eben zum Leben. Meistens wird sie von Volkshochschulen und kirchlichen Einrichtungen gebucht. Sie träumt davon, irgendwann den Durchbruch zu schaffen, fühlt sich aber gleichzeitig unzulänglich, meint, sie müsste viel mehr wissen und können, um weitergehende Ansprüche haben zu dürfen. Sie verbringt viel Zeit damit, sich mit Fachliteratur weiterzubilden und ihre Selbstdarstellung und vor allem ihren Internetauftritt zu verbessern. Obwohl sie es doch gerne «schaffen» will, braucht sie immer sehr lange, eine Anfrage zu beantworten. Manchmal zu lange. Und auch dann, wenn sie einen guten Auftrag an Land gezogen hat, schiebt sie die Vorbereitung für ihr Seminar hinaus, bis sie dann kurz vorher in Panik gerät und in Windeseile ein Konzept zusammenschustert, damit sie bestehen kann. Dabei hat sie ein schlechtes Gewissen deswegen. Die Teilnehmer spüren ihre Nervosität und Unsicherheit, und dies spiegelt sich jeweils in den Feedbacks auf den Evaluationsbögen. Und Miriam sagt sich: «Ich wusste doch, dass ich es nicht kann.»

B = Bequemlichkeit: «Eigentlich ist mir das zu blöd.»

Wer zur Bequemlichkeit neigt, will es sich leicht machen und scheut davor zurück, sich für etwas, was an ihn herangetragen wird, einsetzen zu müssen. Als bequeme Person sind Sie überzeugt davon, dass Arbeit, die Ihnen abverlangt wird, Spaß machen muss und dass es nichts bringt, zu arbeiten, wenn Sie dazu nicht motiviert sind. Manchmal vertrödeln Sie viel Zeit, weil die Motivation sich nicht einstellen will.

Langwierige, komplizierte Arbeiten sind Ihre Sache nicht, viele Aufgaben empfinden Sie schlicht als Zumutung und lassen Sie länger liegen, in der Hoffnung, die Sache könnte sich auch so erledigen. Wenn dies im einen oder anderen Fall tatsächlich geschieht, dann fühlen Sie sich in Ihrem Verhalten voll bestätigt. Wundersamerweise findet sich auch meistens jemand, der Ihnen Arbeiten abnimmt, die Sie nicht gerne tun.

Manchmal steckt hinter einer Haltung der Bequemlichkeit auch Widerstand dagegen, bei bestimmten Entscheidungen nicht gefragt worden zu sein oder zu wenig selbst bestimmen zu können und nur als ein «ausführendes Rädchen» behandelt zu werden.

Weil Sie meist den Weg des geringsten Widerstands gehen, sind Sie leicht ablenkbar durch Unterbrechungen, Zerstreuung und Unternehmungen mit Spaßfaktor. Phasen von Unlust sind für Sie schwer erträglich. Sie brechen oft Ihre aktuelle Arbeit ab, wenn Ihnen etwas in den Sinn kommt, worauf Sie gerade mehr Lust haben. Irgendwann wird Sie dann doch der Erledigungsstress einholen, das wissen Sie – doch gegenwärtig ist das noch weit weg …

Häufige Überzeugungen:

- «Um damit anfangen zu können, muss ich erst in der richtigen Stimmung sein.»
- «Arbeit muss Spaß machen.»
- «Warum soll ausgerechnet ich mich damit herumschlagen?»

Kleiner Denkanstoß:
Durch das Hinauszögern von Aufgaben wird die «spaßlose» Zeit deutlich verlängert.

Beispiel:
Jan, Hauptpräferenz Bequemlichkeit
Jan ist Psychologe und arbeitet in einem Institut für Altersforschung. Dort ist er im Auftrag verschiedener Unternehmen für die Konzeption und Auswertung von Umfragen zuständig, die verschiedene Aspekte der demografischen Entwicklung näher beleuchten. Sein Hauptbereich ist Wohnen und Wohnumfeldgestaltung. Anfangs fand er dieses Forschungsgebiet interessant, doch mittlerweile langweilt er sich. Besonders die Auswertung von Datenmaterial schiebt er oft vor sich her, bis ihm Ärger von Kunden, Kollegen oder der Institutsleitung droht. Dass er bei seiner Qualifikation solche niederen Dienste verrichten soll, ist ihm ein Rätsel. Pure Ressourcenverschwendung!

Die Arbeit an einer Auswertung unterbricht er häufig, um schnell mal etwas zu lesen, was er für wirklich wichtig hält, um sich Kaffee zu holen oder mit Kollegen zu plaudern. Doch auch die konzeptionelle Arbeit behagt ihm oft nicht. Die vielen notwendigen Vorarbeiten, die Recherchen, das Feilen an Formulierungen, all das, was erforderlich ist, bis eine Studie wirklich auf den Weg gebracht werden kann, das empfindet er als anstrengend und wenig befriedigend. Zu Teambesprechungen und Arbeitssitzungen kommt er häufig zu spät und ist schlecht vorbereitet, weil er es nicht geschafft hat, seine Arbeit rechtzeitig auf den neuesten Stand zu bringen. Auf seinem Schreibtisch stapeln sich viele Unterlagen. Das hat ihm schon einige Rüffel von seinen Kollegen eingetragen. «Ich kann mich einfach so schlecht motivieren», sagt er sich dann.

E = Erregungskick: «Erst der Stress macht mich richtig fit.»
Wer glaubt, erst unter Stress optimal arbeiten zu können, hat meist viele Bälle, mit denen er jongliert, und Probleme damit, sich auf eine Sache voll und ganz zu konzentrieren.

Sie fangen vieles an und lassen es dann liegen, packen es erst dann wieder an, wenn die Erledigung dringlich wird. Besonders größere oder unangenehme Aufgaben werden gerne bis fünf vor zwölf hinausgeschoben, und Sie beschäftigen sich lieber mit vielen kleinen Dingen, die Ihnen viele kleine Erfolge bescheren, springen von einem zum anderen und haben dabei den Eindruck, viel zu bewegen.

Den Abgabetermin für ein größeres Projekt sehen Sie auf sich zurollen wie ein drohendes Verhängnis und verbringen viel Zeit damit, sich selbst – und manchmal auch andere – mit dem Erledigen vieler kleiner Aufgaben davon abzulenken. Sie haben immer einen Grund dafür parat, warum Sie jetzt unmöglich in die drängende Aufgabe einsteigen können. Ist dann der Zeitpunkt gekommen, wo kein Aufschub mehr möglich ist, legen Sie los und arbeiten in fliegender Hektik. Oft wird Ihnen dann während der Arbeit bewusst, dass es für bestimmte Punkte noch ausführlicherer Recherchen bedurft hätte, aber das geht nun nicht mehr. Während Sie alles daran setzen, die Arbeit noch hinzukriegen, sind Sie einem Wechselbad der Gefühle ausgesetzt: Einerseits verspüren Sie Hochgefühle und haben auch viele gute Einfälle, andererseits fühlen Sie Angst bis hin zur Panik, es letztlich doch nicht mehr zu schaffen. Haben Sie dann mit hängender Zunge das Ziel knapp erreicht, nehmen Sie sich vor, es das nächste Mal ruhiger anzugehen – ein guter Vorsatz, dessen Umsetzung aber meist schnell wieder vergessen ist.

Häufige Überzeugungen:

- «Ich brauche diesen Druck, um wirklich gut zu arbeiten.»
- «Unter Stress bin ich viel produktiver als sonst.»
- «Augen zu und durch.»

Kleiner Denkanstoß:
Stress fördert den Verschleiß. Die Qualität Ihres Denkens ist in stressarmen Zeiten besser.

Beispiel:
Florian: Hauptpräferenz Erregungskick
Florian studiert Anglistik und europäische Geschichte im dritten Semester. In der Schule war er immer ein Überflieger gewesen: intelligent, gute Auffassungsgabe, zuverlässiges Gedächtnis. Auf Prüfungen hatte er sich immer erst kurz vorher vorbereitet und notfalls auch einmal eine Nacht durchgebüffelt. Doch im Großen und Ganzen hatte er sich mit dem Aufschieben bis zum letzten Moment eigentlich ganz gut geschlagen.

Im Studium nun scheint Florian mit dieser Arbeitsweise auf keinen grünen Zweig zu kommen. Klausuren und Abgabetermine für Essays und Übersetzungen drängen sich gegen Semesterende auf ein schmales Zeitfenster zusammen. Es ist unmöglich, nur von einer Prüfung auf die andere zu lernen, da die Zwischenzeiträume dazu viel zu kurz bemessen sind. So ist er mit den Credit Points, die er nach zwei Semestern sollte vorweisen können, im Rückstand. Zum einen hat er generell den Zeitaufwand für einzelne Arbeiten viel zu gering angesetzt, zum anderen hat er durch unzureichende, da zu spät begonnene Vorbereitung eine Klausur nicht bestanden. «Ich krieg das einfach nicht hin, mich zum Arbeiten hinzusetzen, wenn noch überhaupt kein Druck da ist», sagt er sich.

P = Perfektionsstreben: «Nur ein hundertprozentiges Ergebnis ist ein gutes Ergebnis.»

Wenn Sie Perfektion anstreben, tolerieren Sie keine halben Sachen, sondern huldigen dem Ideal der Vollkommenheit.

Wer mit Lücken und Fehlern schlecht leben kann, tut sich schwer damit, Prioritäten zu setzen und sie auch konsequent zu verfolgen. So widmen Sie schon den Vorbereitungen zu einer Aufgabe viel Energie und Zeit. Typisch dabei ist es, eine große Menge von Material zur Vorbereitung einer Arbeit heranzuziehen und dann gerade von dieser Überfülle blockiert zu werden.

Da Sie unbedingt hundertprozentige Ergebnisse erreichen wollen, verbringen Sie viel Zeit mit der Kontrolle der Teilbereiche, die Sie schon ausgearbeitet haben, und finden immer etwas, was Sie noch optimieren können. Über dem Feilen an Details vergessen Sie dann häufig, wie viel eigentlich noch insgesamt am aktuellen Projekt zu tun ist. So steigt die Wahrscheinlichkeit, mit Ihren Terminen in Verzug zu geraten, und häufig opfern Sie dann Ihre Freizeit, um die Arbeit doch noch schaffen zu können. Perfektionisten sind oft Kandidaten für chronische Erschöpfung (Burnout).

Häufige Überzeugungen:

- «Ganz oder gar nicht.»
- «Nur 100 Prozent zählen.»
- «Ich darf nichts außer Acht lassen.»

Kleiner Denkanstoß:
Gerade Streben nach Perfektion führt oft zu unperfekten Ergebnissen.

Beispiel:
Anne: Hauptpräferenz Perfektionismus
Anne arbeitet am gleichen Institut für Altersforschung wie Jan. Auch sie ist Psychologin und ihr Spezialgebiet ist die psychische Gesundheit von Senioren und Hochbetagten. Anne arbeitet ihre Konzeptionen akribisch aus und beschäftigt sich auch intensiv mit der Auswertung der Erhebungen. Sie ist gut in ihrem Job, das weiß sie eigentlich – und dennoch wird sie oft von der Angst geplagt, Fehler zu machen. Lieber nimmt sie dann Arbeit mit in den Feierabend oder ins Wochenende, «nur um alles noch mal nachzukontrollieren». Wenn ihr doch einmal ein Lapsus passiert ist, dann nimmt sie sich dies sehr übel und denkt noch Wochen später darüber nach.

Obgleich Anne unentwegt beschäftigt ist, ist ihr Schreibtisch immer sehr voll. Sie kommt mit der Arbeit einfach nicht voran und macht sich Vorwürfe deswegen. Manches Projekt, das sie hoffnungsfroh und mit Liebe zum Detail begonnen hatte, musste sie dann hektisch – und lückenhaft – zu Ende bringen, da ihr einfach die Zeit weggelaufen war. So richtig zufrieden ist sie nur selten. Ich bin eben sehr genau, sagt sie sich, was nicht hundertprozentig ist, taugt nichts.

Schutzbehauptungen und Decodierungen

Ganz gleich, wie unser Aufschiebeprofil im Einzelnen beschaffen ist, als chronische Aufschieber jeglicher Couleur neigen wir dazu, unser Verhalten zu bemänteln. Wir führen scheinbar rationale Begründungen dafür an, weshalb es uns nicht möglich ist, eine Aufgabe zeitnah in Angriff zu nehmen. Damit wollen wir unser Verhalten, das wir oft selbst nicht verstehen, plausibel erscheinen lassen – anderen und oft auch uns selbst gegenüber.

Betrachten Sie das kleine Brevier der Schutzbehauptungen auf Seite 22 noch einmal:

- Welche Schutzbehauptung verwenden Sie selbst häufig?
- Was könnte die Behauptung – entschlüsselt – eigentlich wirklich bedeuten?

Machen Sie sich Ihre Überlegungen dazu am besten schriftlich in Ihrem Logbuch. Nachfolgend einige Anregungen für die «Decodierung»:

Wenn wir etwas sagen wie …	**… meinen wir vielleicht eher etwas wie:**
Heute ist einfach nicht mein Tag; morgen finde ich ganz sicher den Einstieg.	• Dranbleiben ist mir zu anstrengend. • Ich habe keine Ahnung, wo ich anfangen soll. • Ich habe Angst davor.
Ich habe jetzt keine Zeit dafür.	• Etwas anderes ist mir wichtiger. • Ich habe keine Lust. • Ich will der Arbeit an der Aufgabe aus dem Weg gehen.
Ich muss einfach erst in der richtigen Stimmung dafür sein.	• Die Aufgabe ist mühselig und anstrengend. • Ich fühle mich hilflos. • Ich hoffe auf ein Wunder.
Ich habe doch noch jede Menge Zeit.	• Es ist mir zu anstrengend, jetzt über eine Lösung nachzudenken. • Ich will unangenehmen Gefühlen jetzt aus dem Weg gehen.
Ich muss erst noch andere Dinge erledigen, wenn die gemacht sind, dann …	• Etwas anderes ist mir wichtiger. • Ich mag nicht und schinde Zeit heraus. • Ich habe Angst, Fehler zu machen.
Mir fehlt einfach noch eine wirklich zündende Idee.	• Ich habe Angst, an den Erwartungen anderer zu scheitern. • Dranbleiben ist mir zu anstrengend.
Warum soll ich überhaupt so viel für dieses Projekt tun? Das ist nicht fair!	• Irgendjemand will, dass ich das tue, aber ich will nicht. • Ich fühle mich ungerecht behandelt.
Vielleicht erledigt sich die Sache ja von selbst.	• Vielleicht vergisst der andere, was er von mir wollte. • Vielleicht findet sich jemand anders, der das macht.

Ich arbeite unter Druck am allerbesten.	• Hauptsache, ich muss mich jetzt nicht damit beschäftigen. • Ich will unangenehmen Gefühlen jetzt aus dem Weg gehen.
Mir ist das jetzt einfach zuwider.	• Die Aufgabe ist mühselig und anstrengend. • Das ist eine Zumutung. • Ich habe Angst, Fehler zu machen. • Es ist mir nicht wichtig genug, das durchzuhalten.
Ich sehe keinen Sinn darin, das überhaupt zu erledigen.	• Das ist eine Zumutung. • Ich befürchte, mir viel Mühe um nichts zu machen.
Mir fehlt jetzt einfach die Energie, weiterzumachen.	• Ich bin müde. • Ich habe Angst, Fehler zu machen. • Ich habe keine Lust mehr, weiterzumachen.
Ich hätte ja wirklich gern damit angefangen …	• Ich schiebe Gründe vor, um mich zu rechtfertigen oder zu schützen.
Wahrscheinlich kommt mir morgen eine gute Idee dazu.	• Die Aufgabe ist mühselig und anstrengend. • Ich fühle mich hilflos. • Ich hoffe auf ein Wunder.
Ich habe es einfach vergessen, obwohl ich es doch wirklich tun wollte.	• Es war mir nicht so wichtig, als dass ich dafür gesorgt hätte, es nicht zu vergessen. • Ich hatte Angst, daran zu scheitern, deshalb habe ich es verdrängt.

Schutzbehauptungen haben die Funktion, die Selbstakzeptanz zu wahren und vor allem auch das positive Bild aufrechtzuerhalten, das andere von uns haben oder haben sollen. Die eigentlichen Gründe sind häufig Angst vor dem Versagen, aber auch Widerwillen und Ärger.

Die Decodierungen dienen nicht dazu, sich nun Vorwürfe zu machen, sondern sich besser zu verstehen. Achten Sie auf das, was Sie innerlich «antreibt», aus welcher Motivation heraus Sie Dinge liegen lassen. Es ist völlig legitim, keine Lust zu haben, etwas als anstrengend zu empfinden, Angst vor Erfolg oder Versagen zu haben oder uns hilflos zu fühlen. Die echten Gründe hinter den Schutzbehauptungen sind ebenso legitim wie die Schutzbehauptungen selbst. Wir müssen uns – zumindest uns selbst gegenüber – nicht dahinter verstecken.

Sobald wir wissen, was wir wirklich meinen, wenn wir uns hinter einer Schutzbehauptung verstecken, dann können wir viel gezielter überlegen, was wir tatsächlich brauchen, um uns wieder neu motivieren zu können und um zu lernen, trotz Angst zu handeln. Von einer Vorstellung sollten wir uns allerdings lösen: Wunder werden keine geschehen, wenn wir aufschieben. Der morgige Tag wird nicht das, was uns heute hindert, morgen wie durch Zauberhand beiseitefegen. Also ist es besser, wir fangen heute an und sind morgen schon einen Schritt weiter.

Checkliste
Meine wichtigsten fünf Impulse aus Schritt 1:

1. ______________________________
____
2. ______________________________
____
3. ______________________________
____
4. ______________________________
____
5. ______________________________
____

Wo bleibt eigentlich Ihre Zeit?

Bei Schritt 2 geht es darum, sich zunächst des eigenen Umgangs mit der Zeit und der persönlichen Prioritätensetzung genauer bewusst zu werden. Zeitprotokolle helfen dabei, zu erkennen, für welche Dinge viel und für welche wenig Zeit aufgewendet wird, und sie zeigen die Art, Häufigkeit und Dauer der ablenkenden Aktivitäten auf. Vertiefende Fragen lassen dabei die mit dem Aufschiebemuster verbundenen Gedanken und Gefühle deutlicher erkennen. Eine Analyse dieser Impulse schafft Klarheit über den Zusammenhang zwischen auftretenden Unlustphänomenen und den zugrunde liegenden Motiven. Situationen, in denen Aufschiebeimpulse auftreten, werden mit solchen verglichen, in denen sie ausbleiben. Das Kapitel wird mit einer Kosten-Nutzen-Analyse des Aufschiebeverhaltens bei wesentlichen Vorhaben abgerundet.

Zeit kann man immer nur einmal «ausgeben». Wenn sie weg ist, ist sie weg. Wofür sie verwendet wird, unterliegt letztlich den Entscheidungen, die wir treffen. Dabei spielen größere, richtunggebende Entscheidungen eine Rolle («Bewerbe ich mich um diesen Job oder warte ich lieber geeignetere Angebote ab?», «Mache ich diese Fortbildung und vergrößere damit die Chancen für einen Aufstieg?», «Bleibe ich in meiner Wohnung oder suche ich mir eine andere, die größer/ruhiger/preiswerter ist?»), aber auch die vielen kleinen, oft banalen Entscheidungen, die der Tag so mit sich bringt («Mache ich mir jetzt einen Kaffee oder stelle ich vorher erst den Abschnitt meiner Dokumentation fertig, an dem ich gerade sitze?»).

Bestandsaufnahme: Der persönliche Umgang mit der Zeit

Bei einem Rückblick auf den vergangenen Tag werden Sie feststellen, dass Sie sich eine Vielzahl kleiner und größerer Weichenstellungen vorgenommen haben, viele davon spontan und dem momentanen Gefühl folgend, andere ganz rational, mit bewusstem Abwägen der Vor- und Nachteile von Handlungsalternativen. Die Entscheidungen, die Sie treffen, steuern jeweils, wie Sie Ihre Zeit «ausgeben», und bestimmen damit auch maßgeblich mit, ob Sie am Ende des Tages mit sich zufrieden sind oder nicht.

Manchmal haben wir den Eindruck, mit einem wichtigen Projekt kaum vorangekommen zu sein – obwohl wir doch ständig am Schreibtisch saßen und daran arbeiteten. Wirklich? War es stattdessen nicht so, dass wir erst einmal fast eine Stunde brauchten, um uns überhaupt zum Anfangen durchzuringen, und dann auch zwischendurch eine Fülle unterschiedlichster Sachen erledigt hatten, vom mehrfachen Checken der Mailbox über verschiedene ausführliche Telefonate bis hin zum

Blumengießen, Solitär spielen und dem Aufräumen der Teeküche?

Oft registrieren wir nicht bewusst, wie viel wir eigentlich nebenbei machen, wie oft wir uns von Belanglosem stören lassen oder uns selbst bei der Arbeit unterbrechen, um etwas anderes zu tun. Auch unser Erinnerungsvermögen täuscht uns oft, wenn wir einen Tagesablauf im Nachhinein rekapitulieren wollen: In der Regel überschätzen wir die Zeitspannen, in denen wir uns wichtigen Dingen widmeten. Gleichzeitig unterschätzen wir, wie viel Zeit durch Ablenkungen, Beschäftigung mit Nebensächlichem und mit Trödeln verstrichen ist. Machen Sie deshalb einmal die Probe aufs Exempel und finden Sie heraus, wie Sie Ihre Zeit «ausgeben». Überlegen Sie sich, was Sie in den nächsten drei Tagen an wichtigen beruflichen Dingen bearbeiten und ganz oder teilweise erledigen möchten. Halten Sie Ihre Vorhaben schriftlich in Ihrem Logbuch fest und bringen Sie sie dann in eine Reihenfolge: Was nehmen Sie als Erstes in Angriff, was als Zweites, was als Drittes ... Achten Sie darauf, dass Sie Ihre Liste nicht überfrachten, sondern sich auf die Dinge beschränken, die momentan tatsächlich Priorität haben.

Um die hauptsächlichen Vorhaben und ihre Reihenfolge festzulegen, sind folgende Fragen hilfreich:

- Von welchem Vorhaben hängen die meisten anderen, weiterführenden Vorhaben ab?
- Welches Vorhaben hat die früheste Deadline?
- Mindert die Erledigung des Vorhabens ein zukünftiges Risiko?
- Hilft mir die Erledigung des Vorhabens dabei, in Zukunft Zeit, Arbeit oder Geld einzusparen?

Wenn Sie die Reihenfolge der Wichtigkeit festgelegt haben, dann sind Sie nun gefordert, in den vor Ihnen liegenden drei Tagen die Dinge, die Sie sich vorgenommen haben, auch tatsächlich anzupacken, zu bearbeiten und auf denjenigen Stand zu bringen, den Sie anvisiert haben.

Führen Sie in den vor Ihnen liegenden drei Tagen jeweils von 09.00 Uhr bis 17.00 Uhr ein stundenweises detailliertes Zeitprotokoll über die Verwendung Ihrer Zeit. Halten Sie in diesem Protokoll fest, wie viel Zeit Sie in die hauptsächlichen Vorhaben investieren, die Sie sich vorgenommen haben, und was sonst noch so alles geschieht: Unterbrechungen, Unvorhergesehenes, Gewohnheiten, Bedürfnisse, Pausen etc. Dadurch erhalten Sie einen guten Überblick über Ihren Arbeitsalltag und Ihre Gewohnheiten.

Führen Sie dieses Protokoll so detailliert wie möglich. Dies erfordert etwas Selbstdisziplin, doch so wird klar, wie viel Zeit Sie wofür tatsächlich verwenden. Wählen Sie für dieses kleine Experiment eine für Ihre Arbeit möglichst typische Woche, in der Sie weder erheblich mehr noch erheblich weniger zu tun haben als sonst.

Protokollieren Sie, was Sie wann und wie lange tun und was davon Arbeit an Ihren hauptsächlichen Vorhaben ist (HV), was Sie als «Neutral» (N) einstufen und was Tätigkeiten sind, die Sie von Ihren hauptsächlichen Vorhaben ablenken (A).

Beispiel:

Startzeit	Tätigkeiten	Dauer/ min.	Bewer-tung
09.00 Uhr	Kaffee kochen	10	N
	Schreibtisch aufräumen	10	A
	Mailbox checken	26	A
	Arbeit am HV	14	HV
10.00 Uhr	Arbeit am HV	10	HV
	Neuer Kaffee	5	A
	Formular für Krankenkasse ausfüllen	10	A
	Zeitung lesen	5	A
	WC	10	A
	Arbeit am HV	5	HV
	Telefonat	10	A
	Überarbeitung von bisher Geschriebenem	10	HV
11.00 Uhr	Belegtes Brot essen, dabei Solitär	15	A
	spielen	5	A
	Mailbox checken	20	A
	Im Internet surfen	10	A
	Arbeit am HV	10	HV
usw.			

Nach diesen drei Tagen werten Sie das Protokoll aus. Machen Sie dort einen Vermerk, wo Sie nicht das getan haben, was Sie sich eigentlich vorgenommen hatten, und vergegenwärtigen Sie sich, was den Ausschlag dafür gegeben hat. Suchen Sie nach den ablenkenden Aktivitäten, für die Sie die meiste Zeit aufgewendet haben. Was gab jeweils den Ausschlag dafür, dass Sie blitzschnell die Entscheidung getroffen hatten, abzubrechen und etwas anderes zu tun? Müdigkeit? Ein plötzlich auftauchender Impuls? Eine Störung von außen? Unlustgefühle? Angst?

Stellen Sie sich dazu einige Fragen und notieren Sie die Antworten in Ihrem Logbuch:

- Was von meinen hauptsächlichen Vorhaben habe ich abschließen können bzw. auf den Stand gebracht, den ich mir vorgenommen hatte?
- Was davon ist liegen geblieben?
- Wie lange und innerhalb welcher Zeitspannen habe ich mich tatsächlich jeweils auf mein hauptsächliches Vorhaben konzentriert?
- Bei welchem Vorhaben hatte ich eigentlich schon im Vorfeld Zweifel daran, dass ich es tatsächlich umsetzen würde?
- Warum habe ich es trotz dieser Zweifel als ein hauptsächliches Vorhaben ausgewählt?
- Wie lange habe ich jeweils gebraucht, um mit der Arbeit an meinem hauptsächlichen Vorhaben anzufangen?
- Wie häufig wurde ich von anderen unterbrochen/gestört?
- Welche Gedanken oder Gefühle lösten das Aufschieben aus?
- Welche Verzögerungstaktiken habe ich selbst eingesetzt, um momentan nicht an meinem hauptsächlichen Vorhaben weiterarbeiten zu müssen?
- Was habe ich jeweils anstelle dessen getan?
- Welche Gedanken hatte ich dabei? Welche Gefühle?
- Womit lenkte ich mich am häufigsten ab?
- Wie lange dauerten jeweils die Aktivitäten, die ich unternommen hatte, um mich abzulenken?
- Bei welcher/welchen Tätigkeit(en) war der Impuls zum Aufschieben am stärksten?

- Wann bin ich einem Aufschiebeimpuls gefolgt? Wann bin ich ihm nicht gefolgt?
- Welche Gefühle habe ich jetzt, wenn ich an meine hauptsächlichen Vorhaben denke?

Das Aufschiebeprotokoll ist eine Möglichkeit, den Ursachen und Erscheinungsformen Ihrer Unlustgefühle und Ängste näher zu kommen. In den allermeisten Fällen waren es vermutlich nicht widrige Umstände oder Unterbrechungen von außen, die Sie daran hinderten, Ihre hauptsächlichen Vorhaben in Angriff zu nehmen und sie durchzuführen, sondern es ging auf eigene Impulse zurück. Meist entscheiden Sie nämlich selbst, was Sie als Nächstes anpacken und wofür Sie Ihre Zeit «ausgeben».

Beispiele: Anne, die Psychologin, erkennt in ihrem Protokoll, dass sich meist dann die Impulse zur Ablenkung häufen und sie ihnen nachgibt, wenn sie sich in einem auftauchenden Problem festgebissen hat und nicht weiterkommt. Und sie stellt fest, dass sie fast immer weit mehr Zeit in relativ unwichtige Detailfragen investiert, als ihr bisher bewusst war. Florians Protokoll führt ihm vor Augen, dass seine gefühlte Zeit, die er bisher meinte, seinen hauptsächlichen Vorhaben zu widmen, viel länger ist als die Zeit, die er tatsächlich konzentriert daran arbeitet. Ihm wird anhand seiner Aufzeichnungen auch klar, wie leicht er sich ablenken lässt – von äußeren Störungen ebenso wie von eigenen Impulsen.

Sich beim Aufschieben zuschauen

Führen Sie nun während der nächsten drei Tage eine Variante des Zeit-Experimentes durch. Beim ersten 3-Tage-Experiment haben Sie Rückschau auf Ihre Aktivitäten gehalten und haben dadurch wahrscheinlich auch die eine oder andere neue Einsicht in Ihre Verhaltensmuster bekommen.

Im zweiten 3-Tage-Experiment sind Sie nun gehalten, sich konkret in der Live-Situation mit dem auseinanderzusetzen, was Sie vom Einstieg abhält bzw. was Sie während der Arbeit an Ihrem Projekt abschweifen lässt oder bewirkt, dass Sie abbrechen.

Nehmen Sie sich wieder verschiedene wichtige Aufgaben für die nächsten drei Tage vor und verfahren Sie auch in der Prioritätensetzung wie beim ersten Experiment. Starten Sie dann wieder mit Ihrem Zeitprotokoll und halten Sie in Ihrem Logbuch fest, was Sie wann tun.

Startzeit	Tätigkeiten	Dauer/ min.	Bewertung
______	______	______	______
______	______	______	______

Halten Sie nun immer dann inne, wenn Sie einen Impuls dazu verspüren, den Einstieg in eines Ihrer hauptsächlichen Vorhaben hinauszuzögern. Tun Sie dies auch dann, wenn Sie die Arbeit daran abbrechen wollen. Reflektieren Sie danach jeweils kurz, was sich in diesem Augenblick gerade in Ihrer Gedanken- und Gefühlswelt abgespielt hat. Machen Sie es sich aber nicht allzu leicht, indem Sie sich beispielsweise sagen: «Na ja, ich habe eben einfach keine Lust dazu.» Gehen Sie vielmehr der Sache genauer auf den Grund. Nehmen Sie wahr, was Sie in diesem Moment fühlen und vor allem auch, was Sie zu sich selbst sagen. So erkennen Sie Ihre echten Beweggründe dafür, jetzt nicht an die Arbeit zu wollen. Hilfreich dazu sind die folgenden Fragen:

- Warum will ich da jetzt nicht ran? Was hält mich auf?
- Was denke ich gerade über mein Vorhaben und über mich selbst?
- Was genau ist es, was mir gerade widerstrebt?
- Was würde es mir bringen, die Aufgabe jetzt nicht zu erledigen? Was genau hätte ich davon?
- Was genau fühle ich, wenn ich an diese Aufgabe denke?
- Wie fühle ich mich damit, dass ich diese Aufgabe (wieder) vor mir herschieben will?
- Was befürchte ich, wenn ich jetzt in mein Vorhaben einsteigen bzw. damit weitermachen würde?
- Welche konkreten Konsequenzen hat es, wenn ich jetzt nicht in mein Vorhaben einsteige bzw. es nicht weiterführe?

Diese Analyse unterstützt Sie dabei, sich über Ihre Aufschiebegewohnheiten klarer zu werden, sich selbst besser zu verstehen und Ihre Gefühle deutlicher wahrzunehmen. Sich der eigenen Vermeidungsstrategien bewusst zu sein, ermöglicht es, achtsamer zu werden. Sie werden dann immer schneller erkennen, wann Sie damit anfangen, einem Vorhaben auszuweichen, und welche Strategien Sie dabei einsetzen. Und je früher Sie dies erkennen, desto schneller können Sie auch gegensteuern und den Automatismus unterbrechen.

Wie wir mit uns selbst reden

Wir unterhalten uns den ganzen Tag in Form unserer Gedanken mit uns selbst. Oft ist dies ein Monolog, in dem wir beispielsweise Dinge, die wir tun, mit unseren Gedanken kommentieren: «O ja, das war jetzt gut», «Jetzt wird's aber Zeit» oder «Habe ich alles eingepackt?»

Wenn wir vor einer Entscheidung stehen, wird aus dem inneren Monolog ein Dialog oder eine Debatte. Besonders deutlich wird dies im Falle eines inneren Konflikts. Einerseits wollen Sie Ihr hauptsächliches Vorhaben voranbringen, andererseits stellen Sie sich quer, wollen etwas anderes, etwas, was Ihnen im Moment angenehmer erscheint. Es ist, als würden Sie sich in zwei verschiedene Richtungen zugleich lenken, was natürlich nicht geht. Die «stärkere» Richtung wird gewinnen. Entweder siegt dann das Bestreben, Ihr hauptsächliches Vorhaben weiterzubringen, oder es siegt die Ablenkung. Oder Sie verhandeln mit sich selbst und treffen eine Vereinbarung, die einen Kompromiss zwischen beiden Bestrebungen darstellt, beispielsweise: «Also schön, noch ein Kaffee, und dann starte ich unwiderruflich.» Was Sie dann aber auch tun. Oder: «Ja, wär schön, jetzt mit Jan zu telefonieren – aber das tue ich nicht vor, sondern nach der Bearbeitung des nächsten Kapitels.»

Turnier im Kopf

Denken und Fühlen erleben wir häufig als gegensätzliche Kräfte. «Zwei Seelen wohnen ach! in meiner Brust», klagte schon Goethes Faust. Heute würden wir wohl sagen: «Zwei Hirne wohnen ach! in meinem Kopf.» Vereinfacht dargestellt ist dies einerseits das kognitive Hirn, der Neokortex, mit dem wir denken, kombinieren und Schlüsse ziehen, andererseits das emotionale Hirn, das limbische System, in dem unsere Emotionen und Impulse zu Hause sind. Das limbische System arbeitet viel direkter und rascher als der Neokortex und ist auf Überleben, Suche nach Lust und Vermeiden von Unlust geeicht. Hier sind auch Reflexe und instinktives Verhalten angesiedelt. Über den Neokortex hingegen werden kognitive Funktionen, beispielsweise logisches Denken, Kombinieren, Entscheiden, Achtsamkeit, Konzentration, gesteuert, werden auch Instinkt und Impulse zugunsten moralischen oder zielorientierten Handelns unterdrückt.

Eine ausschließlich krasse Gegnerschaft von Denken und Fühlen erscheint uns heute aber zunehmend als fragwürdig. Der Neurowissenschaftler António Damásio sieht in unseren Emotionen einen integralen Bestandteil all unserer Denk- und Entscheidungsprozesse. Was wir an externen und internen Reizen aufnehmen, wird in beiden Systemen parallel registriert und verarbeitet.

Neokortex und limbisches System können dann zwar einander die Kontrolle über Denken, Fühlen und Handeln streitig machen – aber auch lösungsorientiert zusammenwirken.

Die Lösung wird also nicht darin liegen, einem Ideal perfekter Selbstdisziplin zu huldigen, sondern jeweils zu einer Balance zwischen den verschiedenen inneren Bestrebungen zu kommen. In Bezug auf das Aufschiebeverhalten bedeutet dies, sich nicht wie der Feldwebel auf dem Kasernenhof zu gebärden («Ab heute mache ich nur noch …»), sondern Lösungen zu finden, wo das Aufschiebeverhalten unter Berücksichtigung der damit verbundenen Ängste und Missbefindlichkeiten abnehmen kann.

Wenn Sie nun wieder in einer Konfliktsituation sind, also fest vorhaben, in Ihr hauptsächliches Vorhaben einzusteigen, dann aber die Impulse zum Verzögern und Hinausschieben auftauchen – was genau sagen Sie in diesem Moment zu sich selbst? Welche Gedanken sind es, mit denen Sie dann «argumentieren», um Ihr Vorhaben hinauszögern zu können? Und was denken Sie danach,

- wenn Sie die Aufgabe aufgeschoben haben?
- wenn Sie den Impuls zum Hinauszögern abgewehrt haben?

Durch das schriftliche Reflektieren Ihrer inneren Dialoge in Ihrem Logbuch kommen Sie gut mit Ihren Denk- und Verhaltensmustern in Kontakt und erkennen deutlicher als bisher, welche Ihrer «Argumente» eher das Aufschieben befördern und welche das Dranbleiben unterstützen.

Meistens ist es nicht so, dass wir etwas ganz pauschal nicht machen wollen. Vielmehr sind es einzelne Aspekte an dem entsprechenden Vorhaben, die uns widerstreben und die dann dazu führen, die Aufgabe erst einmal beiseitelegen zu wollen. Wenn Sie Ihre Vorhaben der letzten drei Tage unter diesem Aspekt betrachten: Welche Aspekte waren das jeweils? Gab es hier Ähnlichkeiten bei verschiedenen Vorhaben?

Beispiel: Miriam, die freiberufliche Trainerin, erkannte bei sich ein deutliches Muster. «Ich fange immer dann an zu schieben, wenn es um Bewertung durch andere geht. Es gelingt mir oft ganz gut, bei der Stange zu bleiben, wenn ich dabei bin, für ein Seminar neue praktische Übungen zu entwickeln oder Ideen für meinen neuen Imageflyer zu sammeln. Doch immer dann, wenn jemand eine Leistung von mir fordert, dann schlägt mein Schiebemechanismus zu.» Ihr Knackpunkt ist die Furcht davor, bewertet zu werden und dass die Bewertung negativ ausfallen könnte.

Durch das schriftliche Reflektieren Ihrer inneren Dialoge erkennen Sie auch, warum ein Vorhaben vielleicht nicht das Richtige ist (etwa eine umständliche Herangehensweise oder eine allgemein nicht zielführende Maßnahme, und entscheiden, welchen anderen Weg Sie einschlagen könnten, um Ihr Vorhaben besser umzusetzen.

Wenn Sie wissen, warum Sie sich innerlich stark dagegen sträuben, ein Vorhaben umzusetzen, erkennen Sie zudem auch, ob es vielleicht auch grundsätzlichere Gründe für Ihr Widerstreben gibt, ob beispielsweise Ihr Vorhaben noch einen Sinn für Sie hat oder Sie es nur noch deswegen anstreben, weil es Ihnen irgendwann einmal lohnend erschien. Doch wenn nun die Luft raus ist, sind Sie gefordert, sich zu hinterfragen, ob Sie eigentlich noch wollen, was Sie wollten – und können sich dann gegebenenfalls bewusster auch *dagegen* entscheiden, die Sache weiterzuverfolgen. Manchmal ist genau das der richtige Schritt, um den Kopf wieder frei zu bekommen für andere Pläne und Ziele.

Oft sind Vorhaben auch mit einem diffusen Unbehagen verbunden – weil wir uns vielleicht noch nicht bereit fühlen, bestimmte Schritte zu tun. Zweifel an einem Vorhaben sind nichts Ehrenrühriges – ungünstig ist es nur, wenn diese Zweifel unbewusst das Verhalten steuern und dann zum chronischen Aufschieben führen. Wenn Sie sich jedoch über Ihre Bedenken klar werden, können Sie sie gezielt prüfen: sie entkräften oder ihnen Rechnung tragen. So kann es gut sein, dass jetzt tatsächlich nicht der richtige Zeitpunkt ist, aus der freischaffenden Existenz eine GmbH zu machen oder sich zu einer aufwendigen Weiterbildung anzumelden. Nun können Sie sich aber bewusst dafür entscheiden, sich von dem Vorhaben zu verabschieden oder es beispielsweise in einem halben Jahr wieder auf die Tagesordnung zu setzen. Das bereitet dem Stress des ständigen Aufschiebens von einem Tag auf den nächsten ein Ende. Machen Sie sich darüber auch wieder schriftlich Gedanken in Ihrem Logbuch. Reservieren Sie eine Seite für die zu vertagenden Vorhaben und betiteln Sie sie mit «Zukunftspool». Fragen Sie sich dann:

- Von welchen der Vorhaben, die ich immer wieder aufschiebe, bin ich nicht mehr wirklich überzeugt?

Streichen Sie diese Vorhaben dann ganz bewusst durch.

- Bei welchen der Vorhaben will ich mich momentan nicht entscheiden und vertage die Frage, ob oder ob nicht für ein halbes Jahr?

Diese letzteren Vorhaben sind Kandidaten für den Zukunftspool. Der Zukunftspool kann ruhig viele Punkte umfassen, Dinge, von denen Sie jetzt schon wissen, dass Sie sie umsetzen werden, und auch solche, die eher Ideen oder Wünsche widerspiegeln – es sind alles Vorhaben, die in der Zukunft eine Rolle spielen können, aber eben nicht jetzt. Sie können diesen Pool nach Belieben immer wieder verändern. Die Tatsache, dass dort Ideen und Vorhaben festgehalten sind, bedeutet nicht, dass Sie diese verwirklichen *müssen.* Wenn Sie nach Ablauf eines halben Jahres wieder auf die Liste schauen, werden Sie wahrscheinlich einiges streichen und anderes dann in Angriff nehmen. Halten Sie die Zukunftspool-Liste deshalb aktuell: Wenn Ihnen in der nächsten Zeit noch interessante Vorhaben einfallen, fügen Sie sie hinzu, wenn Ihnen beispielsweise nächste Woche klar wird, dass Sie ein bestimmtes Vorhaben aus dem Zukunftspool nicht mehr verfolgen wollen, streichen Sie es einfach.

Beispiel: Jan, der Psychologe am Institut für Altersforschung, erkennt aus seiner Analyse, dass er seiner Arbeit sehr zwiespältig gegenübersteht. Eigentlich fühlt er sich zu Höherem berufen und empfindet daher vieles, was sein Arbeitsalltag mit sich bringt, als Zumutung. Andererseits ist ihm aber auch klar, dass seine Tätigkeit am Institut viele Vorteile für ihn hat. Und so richtig zuwider ist sie ihm eigentlich auch nicht. Er erkennt, dass er entweder etwas an seiner Einstellung ändern oder die Konsequenzen ziehen muss, um nicht jahrelang in einer unproduktiven inneren Auflehnung festzuhängen. Er will eine so grundsätzliche Entscheidung wie eine Kündigung aber nicht Hals über Kopf treffen und schließt mit sich selbst eine Vereinbarung: Während des nächsten halben Jahres will er sich in seinem jetzigen Arbeitsfeld mit Engagement einsetzen und dabei erkunden, was er hier eventuell verändern kann. Vielleicht ist auch mittelfristig ein Wechsel zu einem anderen Arbeitsfeld innerhalb des Instituts möglich. Dies beschließt er auszuloten und erst dann zu entscheiden, ob er bleiben oder sich um einen anderen Job bewerben will.

Wann macht sich das Aufschiebemuster nicht bemerkbar?

Es ist interessant, einmal nicht nur auf die Aufschiebemuster zu blicken, sondern auch zu beachten, wann sie *nicht* auftreten. Manche Aufgaben erledigen wir sofort, ohne dass im Kopf der Verzögerungsmechanismus angeworfen wird. Einfach so. Es gibt sogar Situationen, wo wir es kaum erwarten können, ein bestimmtes Vorhaben anzupacken. Auch hier muss es Auslöser geben, die bewirken, ohne viel Hin und Her aktiv zu werden. Schreiben Sie Ihre Gedanken dazu ebenfalls in Ihr persönliches Logbuch. So finden Sie heraus, in welchen Situationen und wodurch Sie motiviert sind.

- Welche Aufgaben nehmen Sie ohne zu zaudern sofort in Angriff?
- Was bewirkt, dass Sie einfach loslegen? Was sind hierfür die Auslöser?
- Was denken Sie hinterher?

Vergleichen Sie nun Ihre inneren Dialoge in den Aufschiebesituationen mit denjenigen in den Situationen, wo Sie nicht aufschieben. Wodurch unterscheiden sich diese Muster? Es kann sein, dass Sie in den Situationen, in denen Sie sofort aktiv werden, spontan freudige Gedanken haben. Es kann auch sein, dass Sie gar nicht erst denken, sondern gleich ins Tun kommen.

In den Situationen, wo Sie aufschieben, haben Sie hingegen mit größter Wahrscheinlichkeit etwas gedacht. Halten Sie die Überlegungen dazu wieder schriftlich fest.

Die Liste «Ich sollte eigentlich ...»

Machen wir ein weiteres Experiment. Nehmen Sie wieder Ihr Logbuch zur Hand und listen Sie nacheinander alle wichtigen beruflichen Vorhaben auf, die Sie gegenwärtig vor sich herschieben. Es sollten auch diejenigen aufgeführt sein, von denen Sie denken, dass Sie das eigentlich immer schon mal anpacken wollten. Nehmen Sie dabei eine möglichst nüchterne, analytische Haltung ein: Es ist, wie es ist. Sie haben es einfach mit Fakten zu tun: Da gibt es Dinge, die Sie bisher als wichtig einstuften, und Sie erledigen sie nicht. Punkt.

Je länger Ihre Liste wird, desto mehr Gelegenheit bietet sie, sich klarzuwerden, hinter welchen Ihrer Ziele Sie tatsächlich stehen und welche Sie nur deshalb verfolgen, weil andere dies gut finden würden oder weil es gesellschaftlich opportun erscheint, ein solches Ziel haben zu sollen, usw.

Schauen Sie nun Ihre Vorhaben unter dem Aspekt «Ich sollte eigentlich ...» genauer an und stufen Sie dann jede Aufgabe auf einer Skala von 1 bis 10 ein, wie stark Sie sich durch das Aufschieben belastet fühlen (1 = überhaupt nicht/10 = sehr stark).

Ein Berg unerledigter Dinge kann ziemlich auf das Gemüt drücken. Solange wir keine Entscheidung getroffen haben, ob, wann und wie wir diese einzelnen Vorhaben anpacken wollen, schmoren sie als amorphe Masse im Hintergrund. Wir denken zwar nicht unentwegt daran, und doch sind wir ihrer stets gewärtig, zumal es ja keine belanglosen Dinge sind, sondern sie eine Bedeutung für uns haben. Sonst hätten wir sie ja längst entsorgt.

Die Dinge, bei denen Sie sich durch das Aufschieben nur wenig belastet fühlen, haben vermutlich momentan auch keine große Bedeutung für Sie. Sie können sie entweder gleich ganz streichen oder wiederum in Ihren Zukunftspool setzen.

Beispiel: Bei Miriam, der Rhetorik-Trainerin, steht auf der «Ich sollte eigentlich ...»-Liste das Vorhaben, ihren Internetauftritt mit Live-Trainingsfotos anzureichern, weil viele ihrer Kollegen dies auch so machen. Die wenigen echten Live-Fotos, die es von ihren Trainings gibt, eignen sich von der Qualität her nicht, und außerdem müsste sie jede einzelne abgebildete Person fragen, ob sie mit einer Veröffentlichung einverstanden ist. Oder sie engagiert einen Fotografen und inszeniert eine Trainingssituation. Doch sie ist im Grunde nicht davon überzeugt, dass dieser Aufwand ihr sehr nützen wird. Trotzdem hat sie diesen Punkt monatelang immer wieder auf ihre Agenda gesetzt und dann geschoben, geschoben, geschoben. Nun gibt sie sich einen Ruck und streicht das Vorhaben. Das entlastet. Sollte sich in der Zukunft eine unverhoffte Möglichkeit ergeben, zu guten Trainingsfotos zu kommen, kann sie das Vorhaben ja jederzeit wieder aufnehmen.

Streichen Sie so viel wie möglich von den «Ich sollte eigentlich»-Vorhaben, von denen Sie sich durch Nicht-Erledigen nur wenig belastet fühlen (Werte unter 5 auf der Skala), oder setzen Sie sie auf die Liste der Dinge, die Sie sich in einem halben Jahr wieder anschauen und dann neu bewerten wollen. Fragen Sie sich selbstkritisch bei jedem Punkt: «Werde oder will ich dieses Vorhaben jemals noch umsetzen?»

Konzentrieren Sie sich dann auf die Dinge, die auf der Belastungsskala Werte über 5 erzielt haben, Sie sich also regelrecht quälen damit, sie ständig vertagen, obwohl sie Ihnen sehr wichtig sind.

Warum wollen Sie eigentlich nicht? Was hält Sie Ihrer Meinung nach davon ab? Notieren Sie zu jedem dieser Vorhaben wiederum die typischen Gedanken, die den Ausschlag für das Aufschieben gegeben haben. Schreiben Sie daneben alle Vorteile auf, die das Erledigen der Aufgabe für Sie hätte. Daneben halten Sie die größten Nachteile fest, die ein weiteres Aufschieben vermutlich nach sich ziehen würde.

Vorhaben	**Meine typischen Gedanken**	**Gründe für das Aufschieben**	**Größte Vorteile bei der Durchführung**	**Größte Nachteile im Falle des Scheiterns**
________	________	1. ______	1. ______	1. ______
________	________	2. ______	2. ______	2. ______
________	________	3. ______	3. ______	3. ______

Prüfen Sie bei den Nachteilen auch die Kosten, die Sie für Ihre Zögerlichkeit tragen. Kosten sind nicht nur in Geldbeträgen zu bemessen, Kosten können auch der Verlust von Vertrauen, Sympathie oder Anerkennung sein. Sich dies zu vergegenwärtigen, schafft zwar zunächst zusätzlichen Druck, hilft aber auch dabei, Entscheidungen zu treffen. Werden Sie sich also bewusst, welche Konsequenzen es haben kann, wenn Sie wichtige Vorhaben stets zu spät oder unvollständig erledigen bzw. sie gar nicht ausführen. Dies kann auf die Dauer beispielsweise auch handfeste Auswirkungen auf Ihre berufliche Stellung haben. Überdies kann die hohe Stressbelastung, die mit dem chronischen Aufschieben verbunden ist, bestehende gesundheitliche Probleme verschärfen oder überhaupt erst welche schaffen.

Wenn Sie jedes Ihrer aufgeschobenen Vorhaben geprüft haben, erkennen Sie deutlicher als bisher,

- mit welchen typischen Gedanken Sie sich bremsen.
- womit Sie das Aufschieben vor sich selbst begründen – und was davon reine Vorwände sind.
- welche unmittelbaren und weiterreichenden Vorteile es für Sie hat, das Vorhaben jetzt anzupacken.
- wo Ihre größten Befürchtungen in Bezug auf die Durchführung liegen.

Meist ist es ja tatsächlich unser «Kopftheater», mit dem wir uns bremsen und dadurch bedrückende Aufschiebeberge erzeugen. Wenn Sie sich nun die Aufzeichnung in der Spalte «Größte Nachteile im Falle des Scheiterns» näher anschauen: Wie schlimm ist der vermutete GAU, der «größte anzunehmende Unfall», wirklich im Falle, dass Sie Ihr Vorhaben zwar anpacken, dann aber nicht gut damit klarkommen? Was befürchten Sie? Gefühle von Überforderung ertragen zu müssen? Ständig zu stocken, weil Sie nicht weiterwissen? Erwartungen nicht zu erfüllen? Wissenslücken zu entdecken? Sich hilflos zu fühlen?

Was ist bei jeder dieser Aufgaben für Sie der vorgestellte GAU, falls Sie aktiv werden und dann an der Durchführung scheitern? Halten Sie Ihre Gedanken wieder schriftlich fest. Überlegen Sie sich dann, was Sie unternehmen können, um diesem vorgestellten Schlimmsten, dem GAU, die Spitze zu nehmen. Denken Sie dabei an ähnliche Vorhaben, die Sie schon gestemmt haben. Was hat Ihnen dabei geholfen? Das, was Sie früher dabei unterstützt hat, trotz vorhandener Furcht vor einem Scheitern aktiv zu werden, kann Ihnen oftmals auch ganz aktuell nützlich sein. Und übrigens: Wenn Sie das Vorhaben weiterhin *nicht* in Angriff nehmen, werden Sie auf jeden Fall scheitern, denn dann haben Sie ein Null-Ergebnis …

Checkliste Meine wichtigsten fünf Impulse aus Schritt 2:
1. ____________________ ____________________
2. ____________________ ____________________
3. ____________________ ____________________
4. ____________________ ____________________
5. ____________________ ____________________

Was wollen Sie wirklich?

Schritt 3 veranschaulicht die Vorteile klarer Zielsetzungen und zeigt Ihnen die Aspekte, die bei der Formulierung eigener Ziele besonders berücksichtigt werden sollten. Dabei gilt es, abzuwägen und sich zu entscheiden, welche Ziele in den Vordergrund gestellt werden sollen. Das SMART-Prinzip hilft dabei, diese Ziele so genau wie möglich in Worte zu fassen.

Ob wir eine Präsentation, eine Prüfung oder den Auftrag eines Kunden vor uns haben: Am Anfang gilt es stets, klare Ziele zu definieren, die Umsetzung systematisch zu planen und Arbeitsstrukturen zu entwickeln, die uns dabei unterstützen, diese Ziele dann auch Schritt für Schritt zu erreichen. Für viele unserer Vorhaben haben wir uns bewusst entschieden, andere Aufgaben müssen wir erledigen, da Erwartungen und Verpflichtungen bestehen, die uns keine echte Wahl lassen. Wir müssen es einfach tun.

Oft ist es auch so, dass wir zwar ein selbst gewähltes Ziel vor Augen haben, beispielsweise eine bestimmte berufliche Position, einen bestimmten Abschluss an der Universität oder ein Umsatzziel erreichen wollen, dass uns jedoch der Weg dahin Aufgaben beschert, die wir uns, ohne dieses Ziel vor Augen zu haben, nicht ausgesucht hätten. Sie sind aber unabdingbar, um dahin zu kommen, wo wir hinwollen. Nicht jeder der erforderlichen Arbeitsschritte macht Spaß oder zieht sofort ein Erfolgserlebnis nach sich. Das ist es, was den Einstieg und das Bei-der-Stange-Bleiben oft so schwierig macht.

Konkrete Ziele weisen den Weg

Wenn Sie sich Ihre Aufzeichnungen zur Bestandsaufnahme (siehe Schritt 2, Seite 58) betrachten, sehen Sie, dass es meist immer wieder ähnliche Mechanismen sind, die den Aufschiebemodus in Gang setzen und aufrechterhalten. Auch ist es im Prinzip klar, dass es bei jedem anspruchsvolleren Projekt immer mal wieder Phasen der Stagnation und längere Durststrecken gibt – doch dies theoretisch zu wissen, ist nur die halbe Wahrheit. Es dann konkret zu erleben, wie sich eine Arbeit so dahinquält oder einfach keine weiterführende Idee auftauchen will, ist die andere Seite. Da taucht dann rasch das Bedürfnis auf, sich abzulenken oder etwas anderes zu tun, um einfach nicht mehr daran denken zu müssen, wie mühsam uns die Arbeit gerade von der Hand geht. Diese inneren Vorbehalte können wir zwar nicht wegzaubern, aber mit der systematischen Aneignung neuer Arbeitsgewohnheiten doch Zug um Zug abbauen. Der erste Schritt dazu ist, uns genau vor Augen zu führen, was wir erreichen wollen – und warum wir dies wollen.

Wenn Sie wissen, wo Sie hinwollen, hilft Ihnen das in schwachen Stunden, trotz Unlust und Selbstzweifel weiterzumachen. Wenn Ihnen Ihr Ziel klar ist, können Sie auch genauer planen, was zu tun und was zu lassen ist, um erfolgreich voranzukommen. Machen Sie beim Formulieren von Zielen nicht die Fehler, die viele Leute an Silvester begehen: «Ab morgen wird alles anders.»

Von einem Extrem ins andere zu fallen ist ein Fehler, den viele machen, wenn es ans Aufarbeiten aufgeschobener Vorhaben geht: Ab morgen wird sich alles ändern! Da ist mein Schreibtisch leer, da bringe ich alle meine Projekte auf den neuesten Stand, da lasse ich mir nichts mehr durchgehen, da bin ich konsequent, ordentlich, diszipliniert ... Eine solche Haltung führt dann meist direkt in die Überforderung, denn wir werden durch gute Vorsätze nicht von heute auf morgen zu anderen Menschen, die wie durch Zauberhand keinerlei Probleme mehr damit haben, Vorhaben umzusetzen. In der Regel folgen auf strikte Selbstdisziplinierungsvorsätze dann noch heftigere Unlustanfälle und schließlich die deprimierende Überzeugung, es eben doch nicht hinzukriegen (siehe «Aufschiebespirale», Seite 32). Veränderung erfolgt eben kaum je nach einem strikten Entweder-oder-Prinzip. Wenn wir tief sitzende Verhaltensgewohnheiten ändern wollen, brauchen wir nicht nur eine möglichst genaue Vorstellung davon, was wir erreichen wollen, sondern auch einen *realistischen* Plan, in welchen Schritten wir uns unserem Ziel annähern wollen.

Ein wichtiger Bestandteil eines solchen Plans sind Strategien, wie wir mit den unweigerlich auftauchenden Widerständen – inneren wie äußeren – umgehen wollen. Am besten ist es, sich von vorneherein nur auf wenige wesentliche Vorhaben zu konzentrieren, statt vieles zugleich in Angriff nehmen zu wollen. Oft wird empfohlen, sich nur auf *ein einziges* Ziel zu konzentrieren. Wenn dies in Ihrer konkreten Arbeitssituation möglich ist –

wunderbar. Meistens ist es aber so, dass in einem bestimmten Zeitraum, beispielsweise innerhalb eines Monats, mehrere Vorhaben zur Umsetzung anstehen und zu entscheiden ist, was genau Sie wann tun – und was Sie ganz bewusst *aufschieben*. Denken Sie dabei an das Jonglieren mit Bällen. Während drei oder vier Bälle noch gut zu handhaben sind, ist Ihre Konzentration beim Versuch, fünf oder sechs Bälle in der Luft zu halten, überstrapaziert. Wenn Sie gleichzeitig eine neue Website aufbauen, an drei Projekten arbeiten und für ein weiteres die Vorbereitungen treffen, viele Besprechungstermine vereinbaren, das Archiv aufräumen und sich um die Erledigung liegen gebliebener Vorgänge kümmern wollen, dann kann das nicht zur gleichen Zeit geschehen, sondern Sie müssen Wege finden, Ihre Vorhaben und den Einsatz dafür zeitlich zu entzerren. Es sollten nicht allzu viele Ziele parallel verfolgt werden, insbesondere dann nicht, wenn Sie zu den Selbstzweiflern oder den Perfektionisten gehören, denn dies lässt den Stresspegel und den Drang, das Ganze erst einmal wegzuschieben oder sich zu verzetteln, erheblich ansteigen.

Etliches von den eher nachrangigen Aufgaben und Projekten haben Sie ja bereits ausgemustert oder auf die Liste der Dinge gesetzt, die Sie sich in einem halben Jahr nochmals anschauen wollen. Widmen Sie sich nun den Vorhaben, von denen Sie denken, dass Sie sie möglichst zeitnah in Angriff nehmen sollten, da es entweder fixe Deadlines dafür gibt oder Sie aufgrund Ihrer Bewertungsskala (siehe Schritt 3, Seite 73) einen großen inneren Druck verspüren. Stellen Sie diese Vorhaben in Ihrem Logbuch unter der Überschrift «Meine wichtigen Vorhaben bis … (Zeitpunkt)» zusammen.

Die Arbeit an Ihren Vorhaben muss nicht immer Spaß machen – mit einem solchen Anspruch würden Sie sich nur selbst behindern –, doch das dahinterstehende *Ziel*, das, weshalb Sie bereit sind, Anstrengungen auf sich nehmen, das sollte Ihnen schon Spaß machen! Es macht einen Unterschied, ob Sie bestimmte lästige oder unangenehme Aufgaben erledigen müssen, weil sie unvermeidliche Begleiterscheinungen eines Zieles sind, das Sie als sehr attraktiv einstufen, oder ob Ihnen das Ziel selbst fragwürdig erscheint. Das Lernen auf eine Prüfung mag lästig oder frustrierend sein, doch da Sie einen bestimmten Abschluss erreichen möchten, der Ihnen wiederum interessante Zukunftsperspektiven bietet, ist es eben einfach erforderlich. Wenn Sie an Situationen denken, in denen Sie so richtig motiviert waren und kein Aufschiebeproblem hatten (vgl. Seite 72), dann sind das wahrscheinlich Situationen, in denen Sie auch begeistert von Ihrem Vorhaben oder vom dahinterliegenden Ziel waren.

Wenn Sie hingegen bezweifeln, dass das Erreichen eines Ziels Ihnen viel Nutzen bringt, dann sollten Sie sich grundsätzlich Gedanken darüber machen, ob nicht andere Ziele für Sie erstrebenswerter wären. Unterziehen Sie daher die verbliebenen Vorhaben auf Ihrer Liste einer Art Perspektiventest.

1. Welche Vorteile bringt mir das Vorhaben

- in einem Monat,
- in einem Jahr,
- in zehn Jahren,

wenn ich es angehe und verwirkliche?

2. Welche Nachteile wird es für mich haben, wenn ich nicht aktiv werde?

Wenn Sie Vorhaben aus einer langfristigen Perspektive heraus betrachten, werden Sie noch deutlicher erkennen, wofür es sich lohnt, sich einzusetzen, und welches andererseits diejenigen Ziele sind, die Ihnen letztlich nicht wirklich erstrebenswert erscheinen. Mit Zielen, die Ihnen weder rational noch gefühlsmäßig einen attraktiven Mehrwert bringen, werden Sie auf Dauer nicht glücklich, und es wird Ihnen stets an Motivation fehlen, etwas zu deren Verwirklichung zu tun. Dies sind dann ebenfalls Streichkandidaten. Diejenigen Vorhaben, von denen Sie – mit Gefühl und Verstand – überzeugt sind, dass sie Sie dahin bringen, wo Sie hinwollen, stehen Ihnen nun klar vor Augen.

Entscheiden mindert Leiden

Entscheiden Sie, was genau für Sie im Vordergrund steht. Dazu sollten Sie sich auf drei bis vier Vorhaben auf Ihrer Liste konzentrieren, die Sie innerhalb eines überschaubaren Zeitraumes – beispielsweise eines Monats – erreichen wollen. Dies sind Ihre hauptsächlichen Vorhaben. Widerstehen Sie dabei der Versuchung, die Liste um ein fünftes, sechstes, siebentes … Vorhaben zu erweitern. Eine klare Entscheidung dafür, was in diesem Monat für Sie im Vordergrund steht, ist eine Grundvoraussetzung dafür, das zu erreichen, was Sie sich vorgenommen haben.

Wenn wir nicht genau wissen, worauf wir uns in der nächsten Zeit konzentrieren wollen, neigen wir viel eher dazu, Arbeiten aufzuschieben, als wenn wir wissen, was uns am wichtigsten ist. Sich dabei auf wenige hauptsächliche Vorhaben zu beschränken, bündelt Ihre Energie. Prioritäten setzen bedeutet nichts anderes als die verfügbare Energie in diejenigen Vorhaben zu stecken, die Ihnen am meisten bedeuten.

Wenn Sie sich nicht sicher sind, welche Ihrer Vorhaben nun tatsächlich die wichtigsten sind, helfen die folgenden Punkte, dies zu klären. Fragen Sie sich:

- Was ist mir an diesem Vorhaben besonders wichtig?
- Warum genau will ich dieses Vorhaben umsetzen? Was verspreche ich mir davon?
- Welchen konkreten Nutzen erwarte ich mir?

Als chronische Aufschieber fällt es uns nicht gerade leicht, unsere Vorhaben nach Bedeutung und Nutzen zu priorisieren. Wichtige, aber über einen längeren Zeitraum hinweg zu verwirklichende Vorhaben lassen wir häufig zugunsten kurzfristiger, aber belangloserer Vorhaben liegen – meist einfach nur, weil deren Bewältigung viel rascher zu einem Erfolgserlebnis führt. Und: Je größer der zeitliche Abstand zu einer Deadline ist, desto weniger Gewicht scheint das entsprechende Vorhaben subjektiv für uns zu haben. Erst dann, wenn diese Deadline bedrohlich nahe rückt, steigt die Wichtigkeit des Vorhabens in unserer Wahrnehmung. Und dann ist es oft zu spät, sich dem Vorhaben noch so ausführlich zu widmen, wie es für ein gutes Ergebnis erforderlich wäre.

Die Fähigkeit, zwei Vorhaben *von vorneherein* objektiv auf ihre Bedeutung und ihren Nutzen hin zu vergleichen, ist bei chronischen Aufschiebern irgendwann mangels Anwendung eingerostet. Deshalb schätzen wir dann häufig die Wertigkeit von Aufgaben, die noch in ferner Zukunft liegen, viel geringer ein, als Nicht-Aufschieber dies tun würden, und wenden uns fast schon reflexhaft erst einmal den «leichteren» Dingen zu.

Trainieren Sie also Ihre Urteilskraft, indem Sie bewusst Prioritäten setzen. Wählen Sie jene Vorhaben zur Umsetzung in den nächsten vier Wochen aus, die Ihnen tatsächlich am meisten auf den Nägeln brennen und für Ihre Zukunft am bedeutsamsten sind.

Wenn ein wichtiges Vorhaben mit längerfristigem Horizont darunter ist, beispielsweise ein komplexer Test, dem Sie sich erst in einem halben Jahr unterziehen, dann setzen Sie sich für den Ablauf des nächsten Monats ein Etappenziel dafür, beispielsweise bis zum 30. des Monats einen genau definierten Zwischenstand erreicht zu haben.

Diejenigen Vorhaben auf Ihrer Liste, die Sie nun aber nicht als vorrangig eingestuft haben, dürfen Sie ganz bewusst hintanstellen. Hier ist Aufschieben erlaubt! Übertragen Sie sie in Ihren Zukunftspool (siehe Seite 70).

Bei den hauptsächlichen Vorhaben, die Sie herausgefiltert haben, geht es hingegen zeitnah um eine konkrete Verwirklichung. Ihre Energie konzentriert sich deshalb voll auf die hauptsächlichen Vorhaben. Der Zukunftspool bleibt vorerst nur Zukunft, doch es geht nichts verloren. Sobald Sie eines Ihrer hauptsächlichen Vorhaben umgesetzt haben, können Sie ein Vorhaben aus dem Zukunftspool nachholen und ihm aktuell Priorität verleihen. Achten Sie aber konsequent darauf, dass Ihre Liste hauptsächlicher Vorhaben stets nur drei bis vier Punkte umfasst, nicht mehr.

Natürlich kann es auch vorkommen, dass Sie unvermutet die Möglichkeit erhalten, mit einem bestimmten Projekt Ihre Zukunftschancen wesentlich zu verbessern – wenn Sie die Gelegenheit beim Schopf packen. In dem Fall wäre es natürlich nicht klug, dieses Projekt nun in den Zukunftspool zu stellen. Wenn Sie sich viel davon versprechen, dann gehört es zu den hauptsächlichen Vorhaben und ein anderes, das bisher an dieser Stelle stand, wird vorübergehend im Zukunftspool geparkt, bis Sie die Arbeit an diesem unverhofften chancenreichen Projekt beendet haben.

Indem Sie sich konkret immer nur auf eine überschaubare Zahl an Vorhaben in einer bestimmten Zeitspanne konzentrieren und alles andere bewusst vertagen, bündeln Sie Ihre Energie und vermeiden Verzettelung. Das ist wichtig, denn bei allzu ehrgeizigen Ansprüchen an sich selbst scheitert über kurz oder lang fast jeder. Bei einer Überfrachtung mit Vorhaben wächst auch unweigerlich wieder die Tendenz zum Aufschieben – einfach um dem wachsenden Stress zu entkommen. Überfordern Sie sich also nicht mit unrealistischen Ansprüchen. Setzen Sie sich vielmehr machbare Ziele, von denen Sie sich tatsächlich zutrauen, sie in dem Zeitraum zu erreichen, den Sie anvisiert haben. Jedes verwirklichte Vorhaben wird Sie beflügeln und Ihr Selbstvertrauen stärken. Sie erleben sich als aktiv und zupackend, wo Sie sich vorher als zaudernd und an den eigenen Ansprüchen scheiternd erlebt haben. Dies hat viele positive Auswirkungen auf Ihr Lebensgefühl.

Formulieren Sie Ihre Ziele so genau wie möglich

Manchmal sind Ziele deswegen schwer zu erreichen, weil sie nicht genau genug formuliert sind. Wenn Sie sich nur vornehmen: «Ich möchte sicherer auftreten», wird dieses Ziel Sie wenig motivieren, weil nicht klar ist, was genau Sie unternehmen wollen: Ihre rhetorischen Fähigkeiten verbessern? An Ihrer Körpersprache arbeiten? Einstellungen ändern?

In welchen Situationen möchten Sie sich sicherer fühlen? Eine Formulierung wie «Ich will bei der Präsentation in drei Wochen inhaltlich mit meinem Konzept und persönlich mit der Art meines Vortrags überzeugen», bietet mehr Anreiz dazu, Ihr Ziel zu erreichen und sich konkrete Gedanken zu machen, was die notwendigen Schritte dazu sind. Achten Sie bei der Formulierung Ihrer Ziele stets auch auf eine positive Wortwahl, die das ausdrückt, was sie wollen, und nicht, was Sie nicht (mehr) wollen.

Wenn Miriam sich als freischaffende Trainerin vornimmt: «Ich sollte mir mal mehr Gedanken über Werbung machen», kann sie sich recht sicher sein, dass sie dieses Vorhaben vor sich herschieben wird. Denn sie hat weder festgelegt, wann sie dies tun will, noch welche Werbemöglichkeiten sie ins Auge fasst und an welche Zielgruppe genau sie sich wenden will. Und: Die Formulierung «sollte mal» ist auch schon recht verräterisch. Sie deutet darauf hin, dass Miriam zwar einen Druck verspürt, etwas zu tun, aber eigentlich nicht wirklich aktiv werden will.

Eine einfache Methode, Ziele in Worte zu fassen, ist das SMART-Prinzip. Demnach sollte ein gut formuliertes Ziel folgenden Kriterien genügen:

S = spezifisch
Das Ziel sollte eindeutig und so präzise wie möglich ausgedrückt sein: Was genau will ich erreichen?

M = messbar
Die Fortschritte im Erreichen des Zieles sollten messbar

sein: Woran erkenne ich, dass ich mein Ziel erreicht habe bzw. auf dem Weg dahin weitergekommen bin?

A = attraktiv
Das Ziel sollte attraktiv für Sie sein: Was macht es verlockend für mich, das Ziel zu erreichen?

R = realisierbar
Das Erreichen des Zieles sollte realistisch sein:
Ist es für mich prinzipiell machbar?

T = terminiert
Das Ziel sollte eine Deadline haben: Bis wann will ich das Ziel erreicht haben?

Mit genauen Formulierungen gestalten Sie Ihre hauptsächlichen Vorhaben übersichtlich. Dies stärkt Klarheit und Entschlusskraft und schafft die Voraussetzung dafür, konkret den Weg zur Umsetzung planen zu können.

Miriam formuliert ihr Ziel nun so: «Als erste Werbemaßnahme werde ich einen Imageflyer für mein Angebot als Trainerin erstellen (S). Dafür sind verschiedene konkrete Arbeitsschritte erforderlich: Texte, Grafik, Fotos, Layout (M). Wenn der Flyer gelungen ist, habe ich ein gutes Werbemittel in der Hand, mit dem ich auf meine Zielgruppe ‹Ärzte und Personen mit Leitungsfunktion im Gesundheitswesen› zugehen kann (A). Die Texte zu verfassen traue ich mir zu, für die Grafik, das Layout und die Fotos hole ich mir professionelle Unterstützung (R). Am 30. des nächsten Monats soll der Flyer in Druck gehen (T).»

Machbarkeit

Prüfen Sie bei der Formulierung Ihrer hauptsächlichen Vorhaben nach den SMART-Kriterien besonders sorgfältig den Aspekt der Realisierbarkeit. Ziele sollen die Zuversicht stärken, nicht Ängste und Zweifel wecken. Sie wirken dann bestärkend, wenn Sie sich an Ihrem Wissen und Können und an Ihren Stärken orientieren und daran, was innerhalb einer bestimmten Zeitspanne tatsächlich umsetzbar ist. Setzen Sie sich also nur solche Ziele, die Sie selbst in diesem Sinne als machbar einschätzen. Um Vorhaben erfolgreich umzusetzen, brauchen Sie dieses Gefühl der Machbarkeit. Zweifel im Vorfeld lähmen die Motivation und führen häufig dazu, das Projekt aufzuschieben wegen der mulmigen Gefühle, die beim Gedanken daran auftauchen («Kann ich das überhaupt?», «... um das zu schaffen, müsste ich ja jeden Tag mindestens fünf Stunden daran arbeiten, da hätte ich ja null Freizeit mehr» usw.). Wenn Sie sich etwas vornehmen und dabei das Gefühl haben, dies doch ohnehin nicht schaffen zu können, dann werden Sie keine Neigung verspüren, überhaupt damit anzufangen. Schrauben Sie daher im Zweifelsfall Ihre Ansprüche lieber etwas zurück und passen Sie Ihr Ziel entsprechend Ihrem Gefühl für die Machbarkeit an. Seien Sie sich dabei bewusst, dass es Ihnen dadurch natürlich nicht «verboten» ist, die eigenen Vorgaben zu übertreffen. Ganz im Gegenteil: Wenn Sie das bescheidener gesetzte Ziel erreicht haben und noch Zeit ist, können Sie das Ergebnis weiter optimieren. In aller Ruhe und in der Gewissheit, dass Sie das Wesentliche schon umgesetzt haben.

Ein machbares und klar definiertes Ziel hilft Ihnen auch dabei, Fortschritte in der Umsetzung Ihres Vorhabens wahrzunehmen.

Formulieren Sie Ihre Ziele stets schriftlich, denn dies hat viele Vorteile gegenüber einem rein gedanklichen Sich-Vornehmen. Zum einen schafft es Klarheit und Orientierung, und Sie erkennen leichter, was Sie wirklich erreichen und verändern wollen. Zum anderen gewinnen Ihre Ziele dadurch auch an Gewicht. Sie zeigen sich damit selbst, dass Sie Ihre Vorhaben ernst nehmen, und fühlen sich ihnen viel mehr verpflichtet, als wenn Sie nur vage Vorstellungen im Kopf haben. Und Sie erleichtern es sich damit, auch in hektischen Phasen Ihres Arbeitsalltags Ihre hauptsächlichen Vorhaben im Auge zu behalten und die richtigen Prioritäten zu setzen.

Checkliste
Meine wichtigsten fünf Impulse aus Schritt 3:

1. ______________________________

2. ______________________________

3. ______________________________

4. ______________________________

5. ______________________________

Planen = Managen von Prioritäten

Schritt 4 benennt die Vorteile einer guten Planung und zeigt Ihnen anhand eines Leitfadens, wie sich komplexe Projekte gut zeitlich einteilen lassen und welchen Fallstricken man dabei aus dem Weg gehen sollte. Anschauliche Vorstellungen davon, wie es sein wird, das Ziel zu erreichen, unterstützen dabei die Motivation, den Plan konsequent in die Tat umzusetzen. Der Wochenplan und der Tagesplan helfen, die Arbeit entsprechend zu strukturieren. Dabei gehören Pausen und Erholung genauso zum Arbeitsrhythmus wie die Arbeit selbst. Den Arbeitsplatz am Ende des Tages geordnet zu hinterlassen ist wichtig, um am nächsten Morgen wieder frisch ans Werk gehen zu können.

Der Begriff «Planung» ist für viele chronische Aufschieber negativ besetzt. Sie haben jede Menge Erfahrung damit, etwas zu planen und dann an den eigenen Plänen zu scheitern, sei es, dass sie bei der Aufstellung eines Planes wichtige Zwischenschritte übersehen und dann in Zeitnot geraten, sei es, dass sie die Zeit, die einzelne Schritte in Anspruch nehmen, unterschätzen oder dass sie planen, planen, planen – und nicht in die Umsetzung kommen. Gegen systematisches Planen werden häufig folgende Argumente ins Feld geführt:

- Planen führt nur dazu, endlose Listen mit Aufgaben vor sich zu haben, um die man sich ständig kümmern muss und wo einem dann jegliche Lust am Arbeiten vergeht.
- Planen führt nur zu sturem Schematismus und tötet jegliche Spontaneität.
- Planen ist nutzlos, da es sowieso meistens anders kommt. Die Zukunft ist nicht vorhersehbar.

Florian, der seine Arbeit meist auf den letzten Drücker erledigt, kann das nur voll unterstreichen. Planen ist Horror! Er hat eine regelrechte Planungsaversion. In seinem Verständnis ist ein geplanter Tag ein freudloser Tag, und allein der Aufwand, einen Plan machen zu müssen, bereits ein weiterer Grund, das Vorhaben aufzuschieben.

Ohne Planung geht es aber nicht, wenn wir ein anspruchsvolles und komplexes Vorhaben bewältigen wollen – es stellt sich nicht die Frage, Planung ja oder Planung nein, vielmehr geht es um das *Wie*.

Zweck einer guten Planung ist nicht, das Leben künftig dem permanenten Listenverwalten und Listenabhaken zu widmen und nur dann glücklich zu sein, wenn alle Punkte ein Häkchen haben. Gute Planung ist kein Selbstzweck, sondern orientiert sich an der schrittweisen Verwirklichung derjenigen Ziele, die Sie sich gesetzt haben.

Ein Plan kann sich natürlich stets nur auf diejenigen Aufgaben beziehen, die Sie bereits kennen oder die vorhersehbar sind.

Natürlich wird es immer wieder auch unvorhersehbare Ereignisse geben, die unsere Pläne durchkreuzen und wo wir dann gefordert sind, uns mit der neuen Situation zu arrangieren und neu nachzudenken. Doch dies kann kein Argument dagegen sein, die Verwirklichung von Zielen konkret zu planen.

Gerade durch die sorgfältig geplante Durchführung der Schritte, die Sie zu Ihrem Ziel führen, bleibt Ihnen mehr Zeit für spontane Aktivitäten und für Unvorhergesehenes, als wenn Sie unstrukturiert arbeiten und wichtige Aufgaben vor sich herschieben.

Die Vorteile eines guten Plans

- Sie machen Ihre Vorhaben überschaubarer und entwickeln eine klare Vorstellung von der Umsetzung Ihrer Vorhaben und der damit verbundenen Aufgaben.
- Sie erkennen, dass auch ein größeres Projekt letztlich aus vielen kleinen handhabbaren Schritten besteht.
- Sie können sich besser auf Ihre hauptsächlichen Vorhaben konzentrieren und Ablenkungen gezielter vermeiden.
- Systematisches Planen führt häufig zu neuen Einfällen, wie eine Arbeit effektiver durchgeführt werden kann.
- Durch die gedankliche Vorstrukturierung der einzelnen Arbeitsschritte können Sie Ihre Zeit effektiver nutzen.
- Stress, der durch unterschwellige Gefühle von Überforderung und Ungewissheit hervorgerufen wird, nimmt ab.
- Sie erkennen schon im Vorfeld allfällige Stolpersteine und können frühzeitig Möglichkeiten finden, wie Sie diese geschickt umgehen.

- Sie vermeiden Fehler und unnötige oder doppelte Arbeiten.
- Sich systematisches Planen zur Gewohnheit zu machen bewirkt, die täglichen Aufgaben mit wachsender Erfahrung immer effizienter zu organisieren.
- Sie entlasten Ihr Gedächtnis, indem Sie nicht mehr so oft «Ich müsste, wollte, sollte ...» im Kopf herumtragen, denn schließlich haben Sie jetzt alles, was zu tun ist, auf Ihrem Plan stehen. Dadurch können Sie sich besser auf das konzentrieren, was gerade aktuell ansteht.

Ein Plan ist ein wirksames Werkzeug, um unsere Ziele effektiver, stressfreier und schneller zu erreichen. Zweck eines guten Planes ist nicht, tatsächlich immer hundertprozentig *alles* zu schaffen, sondern unsere *wichtigsten* Vorhaben durchgeführt zu haben. Inmitten von tausenderlei Dingen, die im Alltag Ihre Zeit beanspruchen wollen, können Sie sich mit einem Plan, der sich an der Verwirklichung Ihrer hauptsächlichen Vorhaben orientiert, auf die Aufgaben konzentrieren, die zielführend für Ihre Vorhaben sind. Zeit und persönliche Energie sind immer auch begrenzt. Um gut voranzukommen, müssen Sie Ihre Zeit und Ihre Energie effektiv einteilen, um mit weniger Aufwand mehr erreichen zu können. Mittels einer konkreten Planung kann ein Vorhaben, von dem Sie sich vielleicht etwas überfordert fühlen, in überschaubare Teiletappen und Einzelschritte aufgegliedert werden. Dies hilft, das Gefühl der Machbarkeit zu verstärken.

Schritt für Schritt planen

Bei der Auswahl Ihrer hauptsächlichen Vorhaben und der SMART-gerechten Formulierung haben Sie eine längerfristige Perspektive eingenommen, haben beispielsweise den 16.5. als Deadline für ein Fernziel festgelegt: «Bis 16.5. habe ich das Projekt XX abgeschlossen.» Den Zeitraum, der zwischen Ihrem Einstieg in die Umsetzung und dem Abschlusstermin liegt, gilt es nun in einzelne Etappen bzw. Zwischenziele zu unterteilen, die für die Realisierung des Fernziels wichtig sind. Wie soll am Ende des aktuellen Monats der Stand der Dinge sein? Wie weit wollen Sie gekommen sein? Was ist dazu in welcher Reihenfolge zu tun? In einem nächsten Schritt planen Sie dann die zielführenden projektbezogenen Aufgaben für die kommende Woche und legen schließlich Ihr Pensum dafür im jeweiligen Tagesplan fest.

Einen realistischen Plan aufzustellen heißt auch, sich im Vorfeld genau mit dem Umfang und den Anforderungen Ihres Vorhabens zu beschäftigen und zu durchdenken, was alles mit einer bestimmten Aufgabe im Zusammenhang steht, welche Informationen, Kontakte, Hilfsmittel usw. Sie dafür benötigen. Nur so können Sie den Aufwand gut einschätzen. Lassen Sie sich Zeit dabei, festzuhalten, was alles notwendig ist, und erarbeiten Sie sich daraus einen Fahrplan zur Umsetzung, dem Sie Zug um Zug folgen können. Ungeduld bei der Planung führt oft dazu, Wesentliches zu übersehen und sich so ein zu großes Pensum innerhalb des gesteckten Zeitrahmens aufzuladen – oder frustriert abzubrechen und sich einzureden, «es wird schon irgendwie werden», wofür vor allem Torschlussaktivisten wie Florian anfällig sind.

Kleiner Planungsleitfaden

Überlegen Sie sich die folgenden Punkte und notieren Sie sie in Ihrem persönlichen Logbuch.

1. Beschreiben Sie Ihr angestrebtes Vorhaben:
   - Was genau habe ich vor? Was will ich erreichen?
   - Wie sieht bei diesem Vorhaben ein Ergebnis aus, das den wesentlichen Anforderungen genügt? Was ist MUSS und was ist KANN?

Formulieren Sie das Vorhaben, um das es geht, konkret und anschaulich und definieren Sie auch das Ziel, das Sie erreichen wollen, möglichst exakt (vgl. SMART-Kriterien, Seite 88). Vergegenwärtigen Sie sich dabei auch, welche Vorteile es für Sie haben wird, Ihr Vorhaben umzusetzen und abschließen zu können.

2. Beschaffen Sie sich benötigte Hilfsmittel und Informationen:
   - Was brauche ich konkret, um diese Aufgabe anzugehen? Welche Informationen? Welche Hilfsmittel?
   - Wo finde ich, was ich für meine Arbeit brauche?
   - Was muss ich wissen?
   - Was muss ich können?
   - Was könnte mir die Sache leichter machen?
   - Wer kann mir mit Erfahrungen auf diesem Gebiet weiterhelfen?

Beschränken Sie sich auf diejenigen Ressourcen und Hilfsmittel, die am wesentlichsten sind für das, was Sie anstreben. Sie werden niemals *alles* ausfindig machen, was es zu Ihrem Vorhaben gibt. Vor allem für Perfektionisten ist es wichtig, hier bewusst Abstriche am Vollständigkeitsanspruch zu machen.

3. Legen Sie Beginn und Endtermin fest und schätzen Sie den Zeitaufwand für Ihre einzelnen Arbeitsschritte ein:
   - Wann fange ich an?
   - Wie viel Zeit veranschlage ich dafür, die mit dem Vorhaben verbundenen einzelnen Aufgaben zu bearbeiten und sie abzuschließen?
   - Was ist der Reihenfolge nach zu tun, damit ich das Ziel erreiche?
   - Welche Teiletappen ergeben sich daraus?
   - Welche einzelnen Schritte gehören zu jeder der Teiletappen?
   - Wann will ich das Vorhaben abgeschlossen haben? Wann genau setze ich die Deadline?

Setzen Sie den Abschluss Ihres Vorhabens am besten als Vor-Deadline, die dann ein paar Tage vor der eigentlichen Deadline liegt, und behandeln Sie diese Vor-Deadline so, als sei sie der eigentliche Abschlusstermin, sodass Sie immer noch etwas Reservezeit haben.

Wenn Sie beispielsweise am 15.5. mit einem Vorhaben fertig sein müssen, notieren Sie sich den 12.5. als Vor-Deadline. Von dieser Vor-Deadline aus planen Sie rückwärts. Setzen Sie Termine für die Teiletappen. Was wollen Sie bis wann bewältigt haben? Wenn Sie Ihre Arbeit dann tatsächlich am 12.5. abgeschlossen haben, können Sie in den verbleibenden Tagen in aller Ruhe noch Optimierungen vornehmen.

4. Planen Sie Pausen und Freizeit mit ein:
   - Wie viele Pausen plane ich ein und wann mache ich sie?

- Wie viele Stunden arbeite ich am Tag und wann mache ich Feierabend?
- Wie viel Zeit für Erholung und Entspannung räume ich mir ein, wenn ich eine Teiletappe erreicht habe?
- Was gönne ich mir in dieser Zeit, in der ich es genieße, eine Teiletappe abgeschlossen zu haben?

Chronische Aufschieber, die lange Zeit ihren «eigentlichen» Arbeitsbeginn hinauszögern, versuchen oft, die verloren gegangene Zeit wieder hereinzuholen, indem sie auf Pausen verzichten oder die Arbeit mit in den Feierabend nehmen. Wenn Sie aber lange Zeit am Stück arbeiten und sich wenig Erholung zugestehen, treiben Sie Raubbau an Ihren Kräften und beeinträchtigen Ihre Konzentrationsfähigkeit, sodass es geschehen kann, dass Sie für eine Aufgabe, die Sie ausgeruht in einer halben Stunde bewältigt hätten, doppelt so lange brauchen. Ihre Pausen sind genauso wichtig wie Ihre Arbeit! Sie erreichen mehr, wenn Sie Ihre Arbeit beispielsweise in Ein-Stunden-Blöcke mit zehnminütigen Pausen aufteilen, als wenn Sie drei Stunden nonstop durchpowern.

Wenn Sie an einem Tag nicht das geschafft haben, was Sie sich vorgenommen hatten, dann ziehen Sie die Arbeit nicht in Ihre Freizeit hinein, sondern machen Sie *trotzdem* Schluss. Definieren Sie ein fixes Arbeitsende.

Chronisches Aufschieben bringt es nicht nur mit sich, dass echte Entspannungspausen unter den Tisch fallen, sondern dass oft auch die Fähigkeit auf der Strecke bleibt, Abstand zu finden und die Arbeit auch gedanklich hinter sich lassen zu können. Irgendwann empfindet man dann das Leben nur noch als einen Arbeitsbrei – und das, obgleich konkret kaum etwas vorangeht. Doch wenn Sie hier konsequent sind und bewusst Zeiten für

Spaß und Erholung in Ihren Arbeitsalltag einbauen und sie auch wahrnehmen, werden Sie bald feststellen, dass Sie danach wieder mit mehr Energie ans Werk gehen.

Etappen, Etappen, Etappen

Die Aufteilung größerer Vorhaben in einzelne Etappen ist das A und O für die Strukturierung Ihrer Arbeitszeit. So lassen sich auch komplexere Vorhaben in überschaubare Einheiten aufteilen, die dann gut zu bewältigen sind. Legen Sie in Ihrem Logbuch stets auch die Ergebnisse fest, die Sie bis zu den von Ihnen festgesetzten Terminen jeweils erreichen möchten. Jede selbst gesetzte Frist für eine Teiletappe, die Sie einhalten, löst Erleichterung und ein Erfolgsgefühl aus. Dieses gute Gefühl bestärkt und ermutigt Sie, die nächste Teiletappe anzusteuern. Je realistischer und genauer Sie Ihren Plan gestalten, desto mehr Erfolgserlebnisse werden Sie haben und desto mehr verstärkt sich dabei auch das Gefühl der Machbarkeit: wirklich das zu schaffen, was Sie sich vorgenommen haben.

Es kann gut sein, dass Sie Ihren Plan für die Verwirklichung Ihrer Vorhaben ein paar Mal umschreiben, bevor er «steht» und Sie sich ans Werk machen. Das ist völlig okay, solange Sie nicht versuchen, den *perfekten* Plan aufstellen zu wollen. Denn dann planen Sie ewig, so lange, bis eine Planung keinen Sinn mehr macht und Ihnen die Zeit davonläuft.

Beispiel: Anne hat im Gegensatz zu Florian überhaupt keinen Widerwillen dagegen, Pläne aufzustellen. Bei ihr ist es so, dass sie hier eher des Guten zu viel tut. Sie versucht, ihre Vorhaben penibel bis ins Detail hinein in Einzelschritte aufzuteilen. Nur: Danach passiert erst einmal gar nichts. Sie kommt einfach nicht ins Tun, sondern wirft eher den Plan ein weiteres Mal um, um einen noch passgenaueren anzufertigen. Es scheint, als würde durch das Bemühen um den perfekten Plan alle Energie zu seiner Umsetzung entweichen. Für Anne ist das Planen (auch) ein Mittel zum Zweck, die Arbeit am eigentlichen Vorhaben aufzuschieben.

Pläne sind keine Kunstwerke. Es geht hier nur darum, die Dauer der einzelnen Arbeitsschritte möglichst realistisch einzuschätzen, sodass Sie dranbleiben können, ohne unter Druck zu geraten. Es wird immer mal wieder passieren, dass Sie einzelne Schritte zu eng und andere zu weit fassen. Egal. Mit Ihren terminierten Teiletappen haben Sie stets den Überblick darüber, ob Sie im Großen und Ganzen mit Ihrem Vorhaben in der Spur sind oder nicht.

Geben Sie sich selbst mentale Unterstützung

Wenn Sie Ihre hauptsächlichen Vorhaben formuliert und Ihren Plan zur Verwirklichung aufgestellt haben, dann gönnen Sie sich einen Zwischenstopp und richten Sie Ihre Gedanken in die Zukunft. Gehen Sie Ihren Weg schon mal in Ihrer Vorstellung ab. Stellen Sie sich bildlich vor, wie befreiend es sein wird, wenn Sie Ihre Vorhaben umsetzen, bis Sie schließlich am Ziel angelangt sind. Was sind die drei größten Vorteile für Sie, wenn Sie dieses Vorhaben erfolgreich abgeschlossen haben? Profitieren Sie beruflich davon? Oder finanziell? Oder haben Sie auch einen persönlichen Nutzen davon, etwa einen Kick für Ihr Selbstvertrauen?

Kreieren Sie einen kleinen inneren Film, in dem Sie sich selbst vor Ihrem inneren Auge sehen, wie Sie sich Schritt für

Schritt Ihrem Plan entsprechend auf Ihr Ziel zu bewegen. Wie Sie Teiletappe um Teiletappe meistern und wie Sie sich fühlen, wenn Sie wieder ein Stück weitergekommen sind, eine Etappe abschließen konnten und Ihre Vorhaben eines nach dem anderen in die Tat umgesetzt haben.

Mit Hindernissen rechnen stärkt die Entschlusskraft

Nach einer Studie von Prof. Shelley Taylor an der University of California muss die Auseinandersetzung mit möglichen Hindernissen auf dem Weg zu einem Ziel keineswegs entmutigend wirken, sondern trägt vielmehr dazu bei, die Entschlusskraft zu stärken.

Die Psychologieprofessorin bildete aus Studenten, die ihr Lernverhalten verbessern wollten, drei Gruppen.

Die erste Gruppe leitete sie an, sich innerlich ihr Ziel so deutlich wie möglich vorzustellen – beispielsweise nach einer guten Abschlussnote die positive Reaktion von Freunden und Verwandten vor Augen zu haben.

Die Mitglieder der zweiten Gruppe wurden instruiert, sich auf Dinge zu konzentrieren, die sie vom Lernen abhalten könnten: schönes Wetter, Verabredungen, Abende mit Freunden in Kneipen usw., und sich dann vorzustellen, wie sie trotz dieser Verlockungen bei ihrem Lernstoff bleiben und sich nicht durch Hindernisse vom Studieren abbringen lassen.

Die dritte Gruppe erhielt als Kontrollgruppe keine Anleitung.

Am erfolgreichsten schnitt hinsichtlich des Lernerfolgs die

zweite Gruppe ab. Durch ihre Ausdauer steigerten die Mitglieder dieser Gruppe ihre Leistungen. Sie waren sogar auf schlechte Bewertungen vorbereitet – mittels der Strategie «Bei schlechten Noten lerne ich weiter».
Weder die Teilnehmer der ersten noch die der dritten Gruppe hatten ähnlich gute Ergebnisse. Die Mitglieder der «Visionen-Gruppe» ließen sich durch schlechte Noten häufig demotivieren und reagierten mit Verunsicherung, da die Realität nicht mehr zu der schönen Zielvision passen wollte. Sie hatten keine Strategien parat, mit einem Misserfolg zurechtzukommen.

aus: Sigrid Engelbrecht: «Krisenfest leben – 8 Starkmacher für Ihr psychisches Immunsystem»

Drehen Sie keinen rosaroten Film, in dem alles wie von selbst geht, sondern stellen Sie sich auch mögliche Schwierigkeiten und Hindernisse vor – auftauchende Unlustgefühle, Unterbrechungen, Störungen, eine Stagnationsphase – und sehen Sie vor Ihrem inneren Auge, wie Sie alle diese Schwierigkeiten überwinden und es schaffen, bei der Stange zu bleiben.

Je plastischer und konkreter Sie Ihren inneren Film gestalten, desto mehr wird er Sie dabei unterstützen, Ihr Vorhaben in die Tat umzusetzen. Anschauliche Zielfilme vermitteln Zuversicht und stärken das Selbstvertrauen. Die Aussicht auf den Erfolg und die damit verbundene Vorfreude erleichtern das Anfangen und auch das Durchhalten.

Bleiben Sie mit Ihrem Zielfilm mental in Kontakt. Wenn Sie sich in Gedanken häufig mit Ihrem Vorhaben und seiner erfolgreichen Realisierung beschäftigen, können Sie Ideen, Informationen und Chancen, die Ihnen bei der Verwirklichung Ihres Vorhabens hilfreich sein könnten, rascher erkennen und nutzen.

Wählen Sie ein Symbol aus, das Ihre Zielvorstellung gefühlsmäßig verbildlicht – ein Foto oder einen kleinen Gegenstand –, und platzieren Sie es auf Ihrem Schreibtisch, wo Sie es täglich vor Augen haben. Jedes Mal, wenn Ihr Blick darauf fällt, vergegenwärtigen Sie sich Ihr Ziel und die guten Gefühle, die Sie mit seiner erfolgreichen Umsetzung verbunden haben. In Kontakt mit Ihrem Ziel zu bleiben stärkt Ihre Motivation und unterstützt Sie sehr dabei, Ablenkungen abzuwehren.

Mein Zielfilm

Nehmen Sie sich eine Viertelstunde Zeit und sorgen Sie dafür, ungestört zu sein. Schließen Sie die Augen und entspannen Sie sich. Denken Sie an eines Ihrer hauptsächlichen Vorhaben, das Sie nun Zug um Zug verwirklichen wollen.
Sehen Sie sich selbst, wie Sie sich an Ihren Schreibtisch setzen und mit Ihrer Arbeit beginnen. Nehmen Sie wahr, wie ein für Sie typischer Impuls kommt, sich abzulenken, etwas anderes zu tun, und wie Sie dann souverän diesen Impuls beiseiteschieben und fortfahren, an Ihrem Vorhaben zu arbeiten. Wiederholen Sie dies auf ähnliche Weise ein paar Mal. Sie arbeiten – es kommt ein Ablenkungsimpuls –, Sie wehren ihn erfolgreich ab und machen weiter, erleben im Geiste, wie Sie vorankommen, wie die Früchte Ihrer Arbeit wachsen und wachsen.

Sehen Sie sich dann, wie Sie nach einem erfolgreichen Arbeitstag, an dem Sie mit Ihrem Vorhaben wieder ein gutes Stück weitergekommen sind, Ihre Arbeitsunterlagen verstauen und nun frei haben – tun können, was immer Sie wollen, und wie keinerlei Gedanken an unerledigte, lastende Aufgaben den Genuss Ihrer Freizeit trüben. Spüren Sie dem Gefühl nach, ganz unbeschwert Ihren Feierabend, Ihr Wochenende genießen zu können.
Erleben Sie, wie es für Sie sein wird, wenn Sie dann trotz möglicher Stolpersteine Ihr Ziel erreichen. Genießen Sie die Gefühle der Freude, der Erleichterung, vielleicht auch des Triumphes, die Sie empfinden werden, wenn Sie da angekommen sind, wo Sie hinwollten, und welche neuen Möglichkeiten sich Ihnen nun dadurch erschließen. Was stellen Sie sich ganz konkret vor, wenn Sie Ihr Ziel erreicht haben? Was sehen, hören oder fühlen Sie? Und was gefällt Ihnen am meisten daran?
Spüren Sie der Kraft Ihrer inneren Bilder noch ein wenig nach, lösen Sie sich dann – mit der Zuversicht, Ihr Vorhaben auch tatsächlich zu verwirklichen.

Nach diesem Ausflug in die Welt Ihrer Vorstellung können Sie Ihre konkrete Planung noch genauer und handhabbarer gestalten. Wie sieht der Weg aus, der Sie zu Ihrem Ziel führt? Was brauchen Sie dazu, Ihr Vorhaben erfolgreich umzusetzen? Welche einzelnen Schritte sind zu gehen? Was könnte eventuell schwierig werden, und wie sieht Ihr Plan B für diesen Fall aus?

Die effektive Arbeitswoche

Überlegen Sie sich, wie weit Sie mit der Umsetzung Ihrer hauptsächlichen Vorhaben in der aktuellen Woche kommen wollen und später dann, was Sie innerhalb eines einzelnen Tages dafür tun werden. Bevor Sie darangehen, Aufgaben für einen einzelnen Tag zu planen, ist es zweckmäßig, zunächst eine Übersicht über die gesamte Woche zu erstellen. Diese Planung in Wochen-Einheiten ist Ihr wichtigstes Hilfsmittel für das konkrete Umsetzen Ihrer hauptsächlichen Vorhaben.

Der Wochenplan unterstützt Sie auf vielfältige Weise: Sie haben den Überblick und geraten nicht kurz vor Ablauf einer Frist plötzlich unter Druck. Außerdem quälen Sie sich nicht ständig damit, an eine noch zu erledigende Aufgabe denken zu müssen, sondern Sie wissen, dass Sie sich dann damit beschäftigen, wenn diese «dran» ist. Die Wochenplanung hilft Ihnen vor allem auch dabei, Ihre Arbeit sinnvoll zu strukturieren, die Resultate der vorangegangenen Woche zu bewerten und die Aufgaben für die kommende Woche festzulegen. Der Überblick über die ganze Woche zeigt auch, welches Gewicht Sie der Arbeit und welches Sie der Freizeit einräumen. Sorgen Sie für ein ausgewogenes Verhältnis zwischen Arbeit und Freizeit. Wenn sich ein Gefühl in Ihnen breitmacht, dass Sie eigentlich ständig nur am Arbeiten sind, dann drückt das auf die Motivation – auch dann, wenn Sie gut mit einem Projekt vorankommen. Freie Zeiten sind kein Luxus, sondern eine Notwendigkeit, um sich zu erholen und sich die Lebensfreude zu erhalten.

Im Wochenplan steht nur das Wesentliche

Ein Wochenplan, der sich an den wesentlichen Vorhaben orientiert und Ihre Erholungszeiten berücksichtigt, sorgt dafür, den Überblick zu behalten. Indem Sie im Vorhinein genügend Zeit für die Arbeit an Ihren hauptsächlichen Vorhaben reservieren, verhindern Sie, dass Sie diese Zeit mit allen möglichen anderen Dingen füllen, die Ihre Arbeit täglich so mit sich bringt, und dadurch Ihre hauptsächlichen Vorhaben auf der Strecke bleiben. Längerfristig betrachtet, steigert es Ihre Zufriedenheit und Ihr Selbstvertrauen mehr, wenn Sie in jeder Woche einige für Ihre hauptsächlichen Vorhaben wichtige Aufgaben erfolgreich abgeschlossen haben, als wenn Sie unzählige kleine, unwichtige Dinge erledigt haben.

Aufgaben systematisch innerhalb von Wocheneinheiten zu planen ist eines der wichtigsten Instrumente, um bei größeren und komplexen Vorhaben der Tendenz zum Aufschieben entgegenzuwirken. Durch die Aufgliederung in überschaubare Teilbereiche, einzelne Aufgaben und konkrete, terminierte Aktivitäten stellt sich oft auch heraus, dass sie viel weniger komplex oder schwierig sind, als wir im Vorfeld befürchtet hatten. Wenn ein Vorhaben sich nicht mehr als gewaltiger monolithischer Block darstellt, fällt es leichter, in die Arbeit einzusteigen, und wir haben durch die Bewältigung kleiner Teilbereiche rasch erste Erfolgserlebnisse, die uns dann wiederum zur Weiterarbeit motivieren.

Um den Wochenplan konkret aufzustellen, nehmen Sie Ihr Logbuch zur Hand und schauen Sie nach, welche Etappen Sie für die Umsetzung Ihrer hauptsächlichen Vorhaben festgelegt hatten. Fragen Sie sich dann: «Was sind die wichtigsten Schritte, die ich diese Woche zur Verwirklichung meiner hauptsächlichen

Vorhaben unternehmen kann?» Wie weit wollen Sie in einer Woche damit kommen? Bleiben Sie dabei so realistisch wie möglich.

Überlegen Sie, welche Aufgaben zu bewältigen sind. Was ist in welcher Reihenfolge zu tun? Was hat Priorität? Um welche Informationen und Hilfsmittel müssen Sie sich kümmern? Wann tun Sie was? Tragen Sie die Zeiten, die Sie für das schrittweise Bearbeiten Ihrer hauptsächlichen Vorhaben reservieren, als Fixtermine für jeden Tag in den Wochenplan ein. Diese Aufgaben haben jeweils Priorität.

Beispiel: Wochenplan von Miriam anhand eines ihrer hauptsächlichen Vorhaben: Imageflyer.

Montag	Dienstag	Mittwoch	Donnerstag	Freitag
09.00 – 10.30 Uhr: Konzept erstellen, Termin mit Grafikerin für Dienstag nächster Woche vereinbaren	09.00 – 11.00 Uhr: Text: Angebot formulieren	09.00 – 10.00 Uhr: Text: Persönliche Darstellung	09.00 – 09.45 Uhr: Texte Flyer ergänzen um sonstige Informationen (Adressdaten etc.) 09.45 – 10.00 Uhr Pause 10.00 – 10.30 Uhr Vorauswahl vorhandener Fotos	09.00 – 10.00 Uhr: Überarbeitung und Feinschliff aller Texte, Telefonat mit Grafikerin, Termin für Dienstag bestätigen

Formulieren Sie Ihre angestrebten Ergebnisse möglichst konkret, denn sonst können Sie nicht messen, welche Teile der Aufgabe Sie erfolgreich umgesetzt haben. Tragen Sie also beispielsweise für Montag nicht ein «Arbeit an der Präsentation für Kunde Andersen», sondern notieren Sie konkret die Ergebnisse einzelner Arbeitsschritte:

1. Ideenliste für Grobkonzept erstellt.
2. Schlüsselideen ausgewählt.
3. Schlüsselideen in eine schlüssige Reihenfolge gebracht.
4. Besprechungstermin für morgen mit Kollegin Bertrand vereinbart.

Am Dienstag steht dann bei diesem Projekt:

1. Bisheriges Grobkonzept mit Kollegin Bertrand besprochen: Feedback eingeholt.
2. Konzept mit Ergebnissen der Besprechung ergänzt/geändert.

Je genauer Sie Ihre Einzelschritte zur Bewältigung der Aufgabe gliedern, desto eher stellen sich auch Erfolgserlebnisse ein, die Ihre Weiterarbeit beflügeln. Durch kontinuierliche positive Rückmeldungen über die Wirksamkeit Ihres Handelns weicht die Befürchtung, der Aufgabe nicht gerecht werden zu können. Gleichzeitig wächst die Zuversicht, dem Abschluss der Aufgabe Schritt für Schritt näher zu kommen.

Die Wochenplanung schafft ein übersichtliches Raster für das, was im Vordergrund steht. Sie hat den Vorteil, dass Ihr Fokus auf langfristigen Erfolgen und strategischem Vorgehen liegt und verhindert, ein «busy going nowhere» zu praktizieren, das für chronische Aufschieber so typisch ist. In die Wochenplanung gehören also nur

- Teilschritte für das Umsetzen Ihrer hauptsächlichen Vorhaben,
- sonstige für diese Woche wichtige Aufgaben (beispielsweise feste Termine, bindende Verpflichtungen etc.),
- Pausen und Freizeit, die Sie als gesperrte Blöcke kennzeichnen.

Am Ende der Woche nehmen Sie sich etwa eine halbe Stunde Zeit, die Sie ebenfalls gleich als einen festen Termin eintragen. Diese Zeit gehört Ihrem aktuellen und Ihrem künftigen Wochenplan. Gestalten Sie diesen Termin als ein regelmäßiges Ritual, für das Sie am besten immer den gleichen Zeitpunkt festsetzen, der dann für andere Aktivitäten tabu bleibt.

Halten Sie zunächst Rückschau: Was ist gut gelaufen? Was ist nicht so gut geglückt? Was waren die Gründe dafür? Was können Sie aus Erfolgen und Misserfolgen für die künftigen Planungen lernen? Stellen Sie dann den Plan für die künftige Woche auf.

Mit dieser methodischen Herangehensweise ziehen Sie Schlüsse für sich selbst aus den positiven wie den negativen Erfahrungen der zurückliegenden Woche. Sie sehen, was gut funktioniert hat und wo Sie noch bessere Lösungen finden sollten. Gleichzeitig prüfen Sie damit auch Woche für Woche, ob Sie sich noch auf Zielkurs befinden, bzw. können Sie auch zeitnah Ihren Kurs korrigieren. Und Sie stärken Ihre Gewissheit, dass Sie auch jene Ihrer hauptsächlichen Vorhaben umsetzen, die einen langen Atem erfordern. Auch über längere Zeiträume hinweg bleiben Sie stets auf die Umsetzung Ihrer hauptsächlichen Vorhaben fokussiert und behalten die Übersicht über Ihren Arbeitsstand besser, als wenn Sie gar nicht oder ausschließlich von Tag zu Tag planen.

Der effektive Tagesplan

Die Tagesplanung leitet sich ganz logisch von der Wochenplanung ab. Während dort nur die Punkte stehen, die den größten Nutzen für das Umsetzen Ihrer hauptsächlichen Vorhaben bringen – plus fixe Termine und Ihre Frei-Zeiten – bringt jeder Tag zwangsläufig noch weitere Aktivitäten mit sich: kurzfristig Dringliches, weitere Termine, aber auch regelmäßig wiederkehrende Routinetätigkeiten wie Post und E-Mails sichten und bearbeiten, Aufräumen, Ablage auf den neuesten Stand bringen, Unvorhergesehenes usw. Die meisten dieser Aufgaben sind natürlich wichtig und etliche davon wahrscheinlich auch terminiert, sodass Sie dafür Zeit und Energie aufwenden müssen.

Wenn Sie sich die Dinge anschauen, die für Sie an einem durchschnittlichen Arbeitstag eine Rolle spielen, dann lassen sich diese gut nach zwei Parametern sortieren: Wichtigkeit und Dringlichkeit.

- Wichtige Aufgaben haben von den Auswirkungen und dem langfristigen Nutzen her ein großes Gewicht: beispielsweise Ihre hauptsächlichen Vorhaben und die Teilschritte zu deren Verwirklichung.
- Dringliche Aufgaben haben einen festen, meist sehr nahen Termin, an dem sie erledigt sein müssen: beispielsweise einen bestimmten Auftrag bearbeiten, ein Angebot abgeben, ein Telefonat führen, an einem kurzfristig anberaumten Meeting teilnehmen, einen Antrag stellen usw.

Zwischen diesen beiden Polen, Wichtigkeit und Dringlichkeit, jonglieren wir täglich und müssen uns entscheiden, was hohe Priorität für uns hat und was wir als weniger bedeutsam einstufen.

Eine Faustformel dafür, wie Sie eine stimmige Balance zwischen den beiden Polen herstellen könnten, gibt es nicht. Jeder Tag ist anders. Wenn Ihnen beispielsweise mitten in der Arbeit an einem Ihrer hauptsächlichen Vorhaben mitgeteilt wird, dass der Chef Sie schnell sprechen will und anschließend ein Krisentreffen stattfinden soll, werden Sie sich auf den Weg machen und Ihr sorgfältig aufgestellter Plan ist erst mal Schnee von gestern. Kann vorkommen – kommt aber nicht ständig vor. Auch sind Sie nicht jeden Tag gleich gut in Form, manchmal geht Ihnen die Arbeit gut von der Hand, manchmal scheint alles ein zäher Brei zu sein. Es gibt jedoch eine Richtlinie, der Sie, so gut wie es Ihr Arbeitsalltag jeweils erlaubt, folgen sollten: Erledigen Sie zuerst das Wichtige und dann erst das Dringliche. Und was weder wichtig noch dringlich ist, kommt ganz nach hinten.

Als chronische Aufschieber haben wir uns bisher oft den Tag mit allen möglichen Aktivitäten so zugestellt, dass für die hauptsächlichen Vorhaben keine Zeit mehr blieb oder wir zu erschöpft waren, um uns noch auf eine anspruchsvolle Aufgabe konzentrieren zu können. Wer den Tag damit verbracht hat, E-Mails zu beantworten, Unterlagen zu ordnen, zu telefonieren und tausend unwichtige Kleinigkeiten zu erledigen, hat dann schlicht keinen Elan mehr, sich um komplexere Vorgänge zu kümmern.

Natürlich ist es keine gute Lösung, sich künftig nur noch den hauptsächlichen Vorhaben zu widmen, während um Sie herum sich Berge von unerledigtem Kleinkram anhäufen. Eine Balance herzustellen, bedeutet auch, die Dinge anders zu organisieren. War es bisher so, dass Sie beispielsweise stundenlang E-Mails abgearbeitet und Ihr Büro aufgeräumt haben, um den Anfang der Arbeit an einem Ihrer hauptsächlichen Vorhaben hinauszuzögern, dann wird es künftig so sein, dass Sie

- mit dem hauptsächlichen Vorhaben in Ihren Arbeitstag einsteigen,
- sich dann dringlich Anstehendes vornehmen und
- alles Weitere erst *danach* in Angriff nehmen, wenn das Wichtige und Dringliche erledigt ist oder Sie Ihre leistungsschwächsten Zeiten haben (z.B. nach dem Mittagessen).

Indem Sie in Ihrer Tagesplanung gezielt Prioritäten setzen, erreichen Sie, dass Sie sowohl die vorgesehenen Arbeitsschritte für Ihre hauptsächlichen Vorhaben als auch die für Ihren Job aktuell dringlichen Aufgaben erledigen können.

Der Tagesplan als Navigator

Verschaffen Sie sich jeweils am Ende eines Arbeitstags einen Überblick darüber, was Sie am kommenden Tag in Angriff nehmen und auf den Weg bringen wollen. Warum tags zuvor und nicht am Morgen des entsprechenden Tages? Wer zum chronischen Aufschieben neigt, kann leicht morgens zwei Stunden über seiner Planung sitzen, ohne in die eigentlichen Aufgaben einzusteigen.

Ihr Tagesplan sollte stets nur so viel enthalten, wie Sie wirklich an einem Tag erledigen können. Gehen Sie den Ablauf des kommenden Tages gedanklich durch und legen Sie fest, was Sie tun werden. Sie gehen dann mit dem beruhigenden Gefühl schlafen, den kommenden Tag zu überblicken, und werden am Morgen das Gefühl haben, die Herausforderungen meistern zu können.

Das Wichtigste zuerst! Übertragen Sie zunächst also die Schwerpunktsetzung für den kommenden Tag aus Ihrer Wochenliste. Diese Vorhaben mit der höchsten Priorität gehören an den Anfang, denn am konzentriertesten arbeiten Sie, wenn Sie frisch ausgeruht in den Tag gestartet sind. Die kreativsten Stunden liegen normalerweise zwischen 8 und 11 Uhr. Auch wenn mal ein Tag «aus dem Ruder läuft» und voller unvorhergesehener Zwischenfälle steckt: Wenn Sie Ihre hauptsächlichen Vorhaben auf den Stand gebracht haben, den Sie geplant hatten, werden Sie den Tag trotzdem mit einem guten Gefühl abschließen.

Legen Sie dann die Reihenfolge für die sonstigen Aktivitäten fest. Was sollte am besten vormittags bearbeitet und abgeschlossen werden? Was ist besser in das nachmittägliche Leistungstief zu verlegen? Entscheiden Sie, welche Zeiten für die einzelnen Vorhaben am besten geeignet sind. Denken Sie daran, Ihre Pausen mit zu berücksichtigen. Machen Sie sich bei jeder Aufgabe ein Bild davon, was zu tun ist und ob Sie alles haben, was Sie brauchen, um sie durchführen zu können. Legen Sie auch immer die geschätzte Dauer der einzelnen Aktivitäten fest.

Statt zu schätzen: Messen Sie!

Wenn Sie dazu neigen, Zeiträume für Ihre Aufgaben zu knapp zu bemessen, dann halten Sie eine Woche lang mit der Uhr fest, wie viele Stunden und Minuten Sie für typische Arbeiten benötigen. Dabei geht es nicht darum, nun immer schneller werden zu müssen, sondern ein Gefühl für den zeitlichen Aufwand zu entwickeln, damit Sie realistischer planen können. Setzen Sie daher nicht das Minimum als Norm an, sondern den Durchschnitt.

Überfrachten Sie Ihren Tagesplan nicht, beziehen Sie außer den Pausen stets auch Zeitpuffer für Unvorhergesehenes mit ein. Sie können davon ausgehen, dass jeder Tag zusätzliche Aufgaben mit sich bringt, an die Sie vorher nicht gedacht haben oder die einfach völlig unverhofft auf Ihrem Schreibtisch landen. Und weil das so sicher ist, ist es gut, im Vorfeld einen Zeitraum dafür zu reservieren.

Wer keine Pufferzeiten in seiner Planung berücksichtigt, riskiert, dass sein Plan bereits durch das erste unerwartete Ereignis – etwa einen sich in die Länge ziehenden Kundenbesuch – über den Haufen geworfen wird. Außerplanmäßige Vorkommnisse, Unterbrechungen und Störungen finden mehr oder weniger jeden Tag statt. Deshalb sollten Sie nicht mehr als etwa 60 bis 70 Prozent Ihrer Arbeitszeit fest verplanen. Wenige erledigte Aufgaben motivieren Sie zum Weitermachen, während eine überfrachtete Tagesplanung, bei der vieles auf der Strecke bleibt, Enttäuschung und Unzufriedenheit nach sich zieht.

Folgen Sie beim Erledigen Ihrer Aufgaben strikt der festgelegten Reihenfolge und konzentrieren Sie sich voll und ganz auf sie. Als chronische Aufschieber neigen wir ja dazu, einfacher erscheinende Arbeiten als Erstes zu erledigen, sodass für die anspruchsvolleren Vorhaben dann die Zeit fehlt. Genau das soll ja nun künftig anders werden! Gehen Sie also nicht zu Punkt zwei über, solange Punkt eins nicht abgeschlossen ist. Verfahren Sie so mit allen Punkten auf Ihrem Tagesplan.

Kleinere Aufgaben, die sich während des Arbeitstages immer wieder mal plötzlich ergeben, erledigen Sie am besten am Stück. Wenn so eine Kleinigkeit auftaucht – eine Mail ist zu schreiben, eine Akte herauszusuchen, ein Formular auszufüllen –, dann kümmern Sie sich nicht sofort darum, sondern machen Sie sich eine Notiz. Bündeln Sie diese Aufgaben, die Sie später in einem Rutsch erledigen können. Nehmen Sie sich dann eine halbe Stunde Zeit dafür, den zwischenzeitlich angefallenen Kleinkram eins nach dem anderen vom Tisch zu bekommen, am besten in Ihrer leistungsschwächeren Zeit.

Gerade diese unverhofft auftauchenden Kleinigkeiten dienten in der Vergangenheit ja oft als willkommener Anlass, sich nicht weiter mit hauptsächlichen Vorhaben beschäftigen zu müssen. Um dieses Muster aufzubrechen, ist es wichtig, sich selbst künftig nicht mehr mit der Beschäftigung mit Kleinkram zu unterbrechen, sondern sich feste Zeiten dafür zu reservieren.

Gewöhnen Sie es sich auch an, am Ende Ihres Arbeitstages – bevor Sie die Aufgaben für den nächsten Tag planen – Rückschau zu halten. Beantworten Sie zu Ihren hauptsächlichen Vorhaben die folgenden Fragen und notieren Sie die Antworten in Ihrem Logbuch.

- Sind Sie mit Ihren hauptsächlichen Vorhaben auf dem Stand, den Sie sich vorgenommen hatten?
- Wenn nicht: Was hat Sie daran gehindert?
- Wenn ja: Was hat Sie dabei unterstützt?

Aufgaben, die liegen geblieben sind, werden in den Tagesplänen der nächsten Tage berücksichtigt, delegiert oder, wenn sie weder sonderlich wichtig noch dringlich sind, ganz gestrichen.

Achten Sie auf Pausen und Erholung

Chronische Aufschieber sind in ständiger Anspannung, da im Hintergrund stets unterschwellig das «Ich sollte jetzt doch eigentlich …» lauert und damit gepaart die wohlbekannten Unlustgefühle aufflammen. Je mehr man sich dann ablenkt und sich in alle möglichen anderen Aktivitäten flüchtet, desto stärker wächst der innere Druck. Dazu kommen noch die Unzufriedenheit und die Enttäuschung über sich selbst. Das zerrt an den Kräften. So ist man dann abends oft erschöpft und deprimiert, weil wieder nichts vorangegangen ist, und kommt vielleicht gar nicht richtig zur Ruhe, weil die Gedanken an all das Erforderliche, was ungetan geblieben ist, die Anspannung aufrechterhalten.

Wenn Sie nun Ihren Arbeitsstil ändern und mittels gezielter Planung die wichtigen Dinge anpacken, statt sie vor sich herzuschieben, sind Pausen und Erholungszeiten ein Muss. Niemand kann sich stundenlang mit einer Sache beschäftigen, ohne müde zu werden. Nach etwa einer halben Stunde bekommt die Konzentration kleine Dellen, und nach etwa einer bis eineinhalb Stunden ist Pause angesagt, denn dann schleichen sich die ersten Fehler aufgrund von Ermüdung ein. Unser Körper braucht Erholung und Bewegung. Stundenlang vor einem Computer zu sitzen tut uns nicht gut.

Nehmen Sie sich dann eine Pause, wenn es sich vom Arbeitsstand her anbietet: nach dem Abschluss einer Aufgabe oder eines wichtigen Teiles davon. Durch Pausen, die nicht mit Aktivitäten wie E-Mails checken, Briefe beantworten oder Computerspielen gefüllt werden, sondern mit Bewegung und einfach auch entspanntem Nichtstun, bekommt unser Gehirn Gelegenheit zum Speichern und zum kreativen Kombinieren von Informationen. «Mal eben schnell» in der Pause der einen oder anderen Arbeit nachzugehen, ist keine echte Pause, sondern beansprucht ebenfalls Ihre Aufmerksamkeit und Ihre Energie.

Wenn Sie leistungsfähig bleiben wollen, ist es gut, aufzustehen, sich zu strecken, etwas zu trinken, am besten ein paar Schritte an der frischen Luft zu gehen. Oder Sie stellen sich für kurze Zeit ans Fenster, lüften und lassen den Blick über die Umgebung schweifen. Atmen Sie ein paar Mal tief durch.

Pausen halten Ihren Energievorrat hoch. Wir brauchen diesen inneren Abstand und sollten diese Zeit keinesfalls mit dem Aufnehmen von weiteren Informationen zustopfen. Unser Gehirn braucht Gelegenheit dazu, die Inhalte, mit denen wir uns beschäftigt haben, zu verarbeiten. Wer den Kopf wieder frei hat, kann besser und letztlich auch schneller arbeiten. Meistens reicht schon eine kurze Pause von etwa fünf bis zehn Minuten aus, um sich wieder frisch zu fühlen.

Spätestens nach drei bis vier Stunden machen Sie dann eine Erholungspause von etwa einer Stunde Dauer. Genießen Sie Ihr Mittagessen und gönnen Sie sich etwas Ruhe und Entspannung.

Nehmen Sie sich für jeden Tag etwas vor, worauf Sie sich nach Abschluss Ihrer Arbeit freuen können, und halten Sie dies ebenfalls in Ihrem Tagesplan fest. Das kann ein spannender Film sein, der Besuch einer interessanten Veranstaltung, ein Glas Wein mit Freunden, ein Stadtbummel, ein Spaziergang durch den Park usw. – einfach etwas, was Ihnen Freude macht.

Schleppen Sie nach Feierabend keine Gedanken an Ihre Arbeit mehr mit sich herum. Das Schließen der Bürotür hinter sich verankern Sie bewusst als Signal, dass Schluss für heute ist.

Schaffen Sie ein klares Umfeld

Für gute Konzentration ist es wichtig, dass Sie sich an Ihrem Arbeitsplatz wohlfühlen. Wenn Sie jeden Morgen aufräumen, etwas suchen und vieles ordnen müssen, «füttern» Sie damit nur die Gewohnheit des chronischen Aufschiebens – und vergeuden damit auch die Zeit, in der Sie am fittesten sind. Ein zugestapelter Schreibtisch animiert nicht dazu, mit der Arbeit anzufangen. Wenn Sie hingegen am Morgen an einem aufgeräumten Schreibtisch mit einer freien Arbeitsfläche loslegen können, haben Sie für einen guten Start gesorgt.

Hinterlassen Sie daher Ihren Schreibtisch jeden Abend gut geordnet. Räumen Sie in der letzten Viertelstunde vor Feierabend alles weg, was nicht unmittelbar zu der Aufgabe gehört, die Sie am nächsten Morgen als Erstes angehen wollen. Belassen Sie nur wirklich Wesentliches auf Ihrem Schreibtisch – und natürlich immer auch das Symbol, das Sie für die Verwirklichung Ihrer hauptsächlichen Vorhaben ausgewählt haben. Wenn Ihr Blick am nächsten Morgen als Erstes darauf fällt, erhalten Sie gleich einen positiven Impuls zum Einsteigen.

Checkliste

Meine wichtigsten fünf Impulse aus Schritt 4:

1. ______________________________

____

2. ______________________________

____

3. ______________________________

____

4. ______________________________

____

5. ______________________________

____

Aller Anfang muss nicht schwer sein

Schritt 5 beschreibt Strategien, die den Einstieg erleichtern. Dazu gehört alles, was das pünktliche Anfangen begünstigt und was dazu beiträgt, den gewohnten Verzögerungstaktiken gezielt und mit Entschlossenheit zu begegnen. Anfangsrituale unterstützen den pünktlichen Einstieg ebenso wie andere einstiegsfördernde Kniffe wie das «15-Minuten-Häppchen», das «Nichts-Tun» und das «Verhandeln mit sich selbst».

Bisher war ja alles noch recht harmlos. Pläne haben Sie früher wahrscheinlich auch schon aufgestellt oder zumindest gute Vorsätze gefasst, vielleicht auch eine lange To-do-Liste aller Ihrer Vorhaben geschrieben. Die sorgfältig strukturierte Planung unterscheidet sich von diesen Anläufen dadurch, dass Sie Ihre hauptsächlichen Vorhaben übersichtlich und handhabbar gestaltet haben.

Wenn Sie ein perfektionistischer Aufschieber sind, hat Ihnen das wahrscheinlich auch Spaß gemacht – Sie mussten nur immer wieder der Versuchung widerstehen, endlos daran herumzufeilen.

Als unsicherer Aufschieber erfuhren Sie eine innere Entlastung dadurch, dass Sie nun mehr Übersicht und Klarheit in Ihre Vorhaben gebracht haben.

Gehören Sie zu den bequemen Aufschiebern, dann empfanden Sie das Prozedere des Planens eher als Zumutung, und es ist Ihnen hoch anzurechnen, wenn Sie sich bis hierher durchgekämpft haben.

Als Last-Minute-Aufschieber hatten sie wahrscheinlich ebenfalls mit Unlustgefühlen zu ringen, denn strukturiertem Planen sind Sie bislang mit Vorliebe aus dem Weg gegangen.

Mentale Einstiegshilfen

Ganz gleichgültig, mit welchen Begleitgefühlen Sie Ihre hauptsächlichen Vorhaben ausgewählt, Ihren Wochenplan aufgestellt und Ihre erste Tagesplanung auf die Beine gestellt haben – jetzt wird es ernst! Es geht um die Umsetzung – vor der Sie vielleicht zurückscheuen wie ein Springpferd vor dem Doppeloxer. Die entscheidenden Augenblicke, in denen chronisches Aufschiebeverhalten sich Bahn brechen will, sind zum einen der Einstieg und zum anderen das Durchhalten in frustrierenden Phasen.

Was können Sie tun, um sich den Einstieg mental zu erleichtern? Schließlich sind Sie es über lange Zeit hinweg vielleicht gewohnt, sich zunächst eine Tasse Tee zu machen, auf dem Schreibtisch herumzuräumen, sich ausgiebig mit E-Mails zu beschäftigen und vielleicht noch ein Computerspiel dazwischenzuschieben, bevor Sie endlich … sich wieder eine Tasse Tee machen, weiter herumräumen …

Gewohnheiten sind hartnäckig und wenn Sie alte Gewohnheiten ablegen und neue einbürgern wollen, dann braucht dies Entschlossenheit und Geduld. Schließlich sind Sie nicht von heute auf morgen einfach ein neuer Mensch. Aber Sie können ja mal so tun als ob, indem Sie Ihre Selbstwahrnehmung verändern – sich selbst nicht mehr als chronischen Aufschieber betrachten, der eine Hypothek alter Gewohnheiten zu tragen hat, sondern als jemand, der etwas Wichtiges lernen will und bereit ist, sich auf neue Erfahrungen einzulassen. Sie ändern Ihr Verhalten aus eigenem Entschluss, Sie machen Ihre Erfahrungen damit und ziehen Ihre Schlüsse daraus, um sich den Weg immer leichter zu machen. Rückfälle (= Hinfallen) brauchen Sie dabei nicht zu schrecken.

Für einen guten Start hilft auch ein starker, motivierender Satz, den Sie sich selber sagen, wie etwa: «Es ist wichtig für mich, mein Ziel (...) zu erreichen. Darauf werde ich mich konzentrieren und bin bereit, mich einzusetzen. Und deshalb packe ich jetzt die erste, heute wichtigste Aufgabe dafür an.»

Eine weitere mentale Unterstützung ist das Symbol auf Ihrem Schreibtisch, das Sie an das Erreichen Ihres Zieles erinnert und an all die positiven Dinge, die damit verbunden sind. Sagen Sie sich, dass Sie nur gewinnen können, wenn Sie Ihre heutigen Vorhaben der Reihe nach anpacken und abschließen. Rufen Sie sich ins Bewusstsein, wie günstig es Ihr Selbstvertrauen und Ihre Stimmung beeinflussen wird, wenn Sie die vor Ihnen liegende Aufgabe aktiv angehen und bewältigen, und wie gut Sie sich hinterher fühlen werden. Die Aussicht auf diese positive Wirkung ist ein gutes Gegengewicht zu den vertrauten, unangenehmen Schiebe- und Trödelgefühlen und stärkt Ihre Motivation.

Fangen Sie auch dann an, wenn Sie glauben, «jetzt noch nicht in der richtigen Stimmung dafür» zu sein. Es wird stets irgendwelche Gründe geben, warum Sie jetzt gerade nicht in Stimmung sind für das, was Sie sich vorgenommen haben. Das kennen Sie doch. Und Sie wissen auch aus vielfältiger Erfahrung, dass es die ideale Zeit zum Anfangen nie geben wird und dass solche inneren Debatten nur der Ablenkung dienen und die Gewohnheit des chronischen Aufschiebens weiter zementieren.

Entscheiden Sie sich bewusst dafür, anzufangen. Sie müssen es nicht mögen, die anstehende Aufgabe auszuführen. Es genügt, wenn Sie sie erledigen und Ihre Energie für Ihre Arbeit einsetzen, statt sie für innere Zauder-Dialoge zu verwenden. Also: Nicht lange überlegen, handeln! Gar nicht erst darauf warten, dass sich die Lust zum Anfangen «irgendwann» einstellt. Wenn wir erst tiefschürfend nachgrübeln, ob wir nun Lust zum Anfangen haben oder keine, haben wir natürlich auch keine. Die Konzentration auf den Anfang ist eine der wichtigsten Strategien gegen das Aufschieben.

Haben wir uns erst einmal dazu aufgerafft, uns an den Schreibtisch zu setzen und in unser Vorhaben einzusteigen, wundern wir uns meist schon nach kurzer Zeit über uns selbst: Mensch, das geht doch gut von der Hand, warum mache ich da eigentlich immer so ein Theater? Wer anfängt, hat die erste große Hürde schon gemeistert, denn wer mit einem Vorhaben auch dann startet, wenn ihm gerade nicht danach ist, hält mit einiger Wahrscheinlichkeit dann auch eine Weile lang durch.

Die meisten Motive für das Aufschieben sind mit negativen Gedanken verbunden. Sagen Sie Stopp, sobald sich die alten, wohlbekannten Denkmuster breitmachen wollen! Drehen Sie keine der wohlbekannten Anfangsverhinderungsschleifen, sondern setzen Sie diese Gedanken sofort außer Kraft.

Ersetzen Sie die gewohnten Zauder-Dialoge, wann immer sie auftauchen und Sie sich damit von der Arbeit abhalten wollen, durch neue Denkweisen, die Ihnen helfen, das Anstehende zu bewältigen.

- Statt «Ich muss erst noch ... bevor ich anfangen kann», sagen Sie sich: «Ich fange jetzt an. Das andere mache ich kurz vor der Pause.»
- Statt «Ich kann das einfach nicht», sagen Sie sich: «Ich beginne jetzt mit dem ersten kleinen Schritt.»
- Statt «Ich müsste jetzt ... tun», sagen Sie sich: «Ich werde jetzt ... erledigen, weil ich dadurch langfristig ... erreiche.»
- Statt «Ich muss das perfekt hinkriegen», sagen Sie sich: «Gut ist gut genug. Wichtig ist, dass ich jetzt in die Arbeit einsteige.»
- Statt «Das schaffe ich garantiert nicht», sagen Sie sich: «Ich gehe es jetzt an, mir sind schon viele andere Dinge gut gelungen.»
- Statt «Wie werde ich damit bloß fertig?», fragen Sie sich: «Welcher Schritt ist der nächste?

Prüfen Sie, wie Ihre eigenen inneren Dialoge gestrickt sind. Schlagen Sie dazu auch noch einmal Ihre Notizen zur Aufgabe auf Seite 58 (Bestandsaufnahme) nach. Schreiben Sie danach in Ihr Logbuch, mit welchen blockierenden Gedanken und Überzeugungen Sie sich bisher am häufigsten den Einstieg in Ihre Arbeit schwergemacht haben. Überlegen Sie dann, was motivierende Überzeugungen und innere Dialoge sein könnten, die Ihnen den Einstieg in Ihre Arbeit erleichtern, und schreiben Sie diese ebenfalls auf. Betrachten Sie dazu auch Ihre Notizen zur Aufgabe auf Seite 72, wo Sie sich notiert hatten, was Sie denken, wenn Sie nicht aufschieben, sondern einfach das tun, was ansteht. Wenn es Ihnen trotzdem schwerfällt, motivierende Überzeugungen zu finden, dann stellen Sie sich vor, Sie würden Ihre beste Freundin oder einen besonders sympathischen Kollegen zum Einstieg ermutigen.

Indem Sie konsequent das Umdenken trainieren und auftauchende blockierende Überzeugungen sofort durch lösungsorientierte ersetzen, neutralisieren Sie diese mehr und mehr und stärken damit gleichzeitig Ihre Zuversicht.

Pünktliches Anfangen

Pünktlich anfangen ist das Gegenteil von aufschieben. Aufschieben heißt ja, den Zeitpunkt des Beginns immer weiter in die Zukunft zu verlegen.

Fangen Sie nun genau zu dem Zeitpunkt an, den Sie sich auf Ihrem Tagesplan für den Start eingetragen hatten. Gewöhnen Sie sich an, jeden Tag zur gleichen Zeit mit der Arbeit an Ihren hauptsächlichen Projekten zu beginnen – und seien Sie jedes Mal pünktlich. Um eine neue Gewohnheit anzunehmen, brauchen wir viele Wiederholungen, bevor sie zur Selbstverständlichkeit wird und automatisiert abläuft. Was auch immer Sie auf Dauer als ein neues Verhalten etablieren wollen, tun Sie es möglichst immer zur gleichen Zeit, am gleichen Ort und auf die gleiche Weise. Je konsequenter Sie auf einen pünktlichen Beginn achten, desto eher wird Ihnen dies zur Gewohnheit werden. Nach einiger Zeit werden Sie es völlig unbewusst tun, ohne groß darüber nachzudenken.

Dulden Sie – ganz besonders in der Anfangsphase – keine «Ausnahmen», nur weil Ihnen am entsprechenden Tag «nicht danach ist». Halten Sie dem inneren Drang, etwas anderes zu tun, stand und ertragen Sie die damit verbundene Spannung. Ausnahmen neigen dazu, sich zu häufen («Nur heute nicht, weil ...»), und so führt die erste Ausnahme zur zweiten und zur dritten, und dies mündet dann schnell darin, eine angestrebte Veränderung wieder aufzugeben. Oder, wie Marco von Münchhausen es so schön als «Schweinehund-Dreisatz» formuliert: Erst ausfallen lassen ... dann schleifen lassen ... dann sein lassen.

Verhaltensänderungen brauchen in der Regel etwa sechs bis acht Wochen, bis der Automatisierungseffekt eintritt. Natürlich ist es für chronische Aufschieber alles andere als einfach, sich zum regelmäßigen pünktlichen Anfang durchzuringen. Wäre es einfach, dann hätten wir schließlich mit der Aufschieberei nichts am Hut. Doch es lohnt sich, die Mühen auf sich zu nehmen und hier konsequent zu bleiben. Haben wir uns überwunden und sehen, dass wir es durchaus schaffen, zum festgelegten Zeitpunkt in unsere hauptsächlichen Vorhaben einzusteigen, dann wächst auch unser Selbstvertrauen.

Nutzen Sie ein Anfangsritual

Rituale unterstützen uns dabei, neue, noch ungewohnte Herangehensweisen heimisch zu machen. Schaffen Sie sich einen Verhaltenstrampelpfad, indem Sie die gleiche Sache möglichst zur gleichen Zeit auf gleiche Weise tun, was beispielsweise so aussehen kann: Sie haben Ihren Arbeitsbeginn im Tagesplan konstant auf 9.00 Uhr morgens festgelegt. Um 8.45 Uhr holen Sie sich eine Tasse Kaffee, haben sich dafür vielleicht auch eine spezielle neue «Arbeitstasse» angeschafft. Sie stellen sie auf den Schreibtisch, legen Ihren Tagesplan daneben und starten den Computer. Während er hochfährt, stimmen Sie sich mit einem Blick auf Ihr Zielsymbol auf dem Schreibtisch auf den Tag ein, stellen sich kurz vor, wie es sein wird, wenn Sie Ihre Ziele erreicht haben. Sie sagen sich diejenige Ihrer motivierenden Überzeugungen – laut oder im Geiste – vor, die Sie als die strahlkräftigste empfinden. Sie atmen ein paar Mal tief ein und aus. Um 9.00 Uhr tönt aus Ihrem Mobiltelefon ein sanftes Summen, das Sie als tägliches Startsignal eingegeben haben. Sie stoppen das Signal, setzen sich hin und legen los mit der Aufgabe Nummer eins auf Ihrer Tagesagenda.

Wählen Sie für Ihr Anfangsritual etwas aus, was Sie künftig regelmäßig in den Arbeitsmodus versetzen wird: eine Duftkerze, ein akustisches Signal, ein Talisman, ein Bild, das Sie mit Ihrem Ziel verbinden. Wählen Sie ein Startzeichen, das zu Ihrem Vorhaben passt und von dem Sie sich angeregt fühlen, tätig zu werden. Setzen Sie sich ein bestimmtes Zeichen, nach dem Sie ohne Wenn und Aber mit der Arbeit an Ihrem hauptsächlichen Vorhaben anfangen.

Mit Einstiegsritualen können wir uns dabei unterstützen, uns täglich ohne viel Hin und Her ans Werk machen. Rituale helfen uns dabei, die gewohnten inneren Einwände gar nicht erst aufkommen zu lassen und stattdessen unsere Energie auf das zu konzentrieren, was uns weiterbringt: die Arbeit an unseren hauptsächlichen Vorhaben.

Schalten Sie eine Anwärmphase vor

Falls Sie zu den Perfektionisten oder den Selbstzweiflern gehören, ist die Furcht vor dem «weißen Blatt» meist besonders stark ausgeprägt. Hier hilft oft ein kleiner Trick: Starten Sie pünktlich und tun Sie einfach mal so, als sei dies noch nicht die Arbeit an Ihrem hauptsächlichen Vorhaben, sondern eine nur wenig wichtige Vorbereitung dafür. Sammeln Sie Gedanken und Ideen, alles Mögliche, was mit Ihrem Vorhaben zu tun hat. Schreiben Sie einfach drauflos. Tun Sie so, als ob Sie lediglich ein Brainstorming zelebrieren. Kreisen Sie mit Ihren Gedanken wie die Planeten um die Sonne. Auf diese Weise entgehen Sie der Einstiegsblockade, der Konfrontation mit Ihrem hohen Anspruch. Stattdessen gleiten Sie unmerklich immer mehr in den Arbeitsmodus hinein, sodass Sie sich dann schon bald der Teiletappe Ihres hauptsächlichen Vorhabens zuwenden, die Sie sich für den Tag vorgenommen hatten.

15-Minuten-Häppchen

Für die Tage, an denen die Unlust Sie besonders piesackt, kann vielleicht folgende Technik Abhilfe schaffen, für die Sie nur eine einfache Zeitschaltuhr oder eine entsprechende Handyfunktion brauchen: Stellen Sie eine Zeitspanne von 15 Minuten mit einem Endsignal ein und sagen Sie sich: «Ich werde mich jetzt nur diese Viertelstunde lang intensiv mit meiner Aufgabe beschäftigen. 15 Minuten sind machbar. Wenn ich es dann immer noch unerträglich finde, mache ich danach fünf Minuten Pause.»

Wenn nach dieser Viertelstunde dann das Signal ertönt, sind zwei Effekte möglich:

- Sie haben den Zugang zu Ihrer Aufgabe gefunden, sind nun voll dabei und arbeiten mit Elan weiter. Wenn Sie erst einmal eingestiegen sind, hören Sie auch nicht so schnell wieder auf. Die Einstiegsblockade ist überwunden.
- Sie fühlen sich immer noch recht lustlos und nehmen Ihre Pause wahr. Nach den fünf Minuten Abstand nehmen Sie sich ein zweites 15-Minuten-Häppchen vor, danach wieder fünf Minuten Pause.

Normalerweise merken Sie nach zwei bis drei dieser Häppchen, dass es leichter wird, dranzubleiben, und die Unlust sich auflöst. Tatsächlich ist es eben oft nur der Anfang, der so beschwerlich erscheint. Mit diesen 15-Minuten-Häppchen und der Aussicht, danach Pause machen zu dürfen, überlisten Sie den Drang, der Unlust einfach nachzugeben und den Anfang immer weiter zu verzögern.

Wenn Sie sich beispielsweise für die Bearbeitung der Aufgabe ein Zeitfenster von zwei Stunden eingeräumt haben, dann passen da immerhin sechs dieser Häppchen plus Pause hinein – oder eineinhalb Stunden Aktivität. Und da kommt auf jeden Fall mehr dabei heraus, als wenn Sie diese Zeit mit Aufschiebeablenkungen verbringen.

Falls Ihnen das 15-Minuten-Häppchen zu lang erscheint, dann wählen Sie die Zeitspanne kürzer: zwölf Minuten oder auch nur zehn Minuten.

Nichts-Tun

Eine einfache und gleichzeitig sehr wirksame Methode, um der Einstiegsblockade zu begegnen, ist das bewusste Nichts-Tun. Wenn Sie sich ablenken, tun Sie ja etwas – eben etwas anderes, als Sie tun sollten. Dieses Verhalten unterbinden Sie, wenn Sie ganz bewusst nichts tun: Legen Sie die anstehende Aufgabe mit allen dazu gehörenden Materialien direkt vor sich auf den Schreibtisch. Und dann setzen Sie sich davor in der Absicht, sie nun zehn Minuten lang lediglich anzuschauen. In der Regel werden Sie schon nach kurzer Zeit durch das Nichts-Tun so unruhig, dass Sie darauf brennen, endlich in die Arbeit einsteigen zu können, noch bevor die zehn Minuten verstrichen sind.

Verhandeln mit sich selbst

In manchen Aufschiebeanfällen hilft auch Verhandeln. Ganz genauso wie in den Situationen, in denen Sie mit jemand anderem einen Kompromiss aushandeln, können Sie dies spielerisch auch mit sich selbst tun. Bei dieser fiktiven Verhandlung nehmen Sie im Wechsel die zwei Positionen in sich selbst ein, die gegensätzliche Dinge anstreben. Der eine Teil will anfangen, der andere Teil will aufschieben. Lassen Sie dann die beiden Teile miteinander sprechen, indem Sie jeweils aufschreiben, was die beiden Positionen in Ihnen äußern. Position A ist dabei wie ein Coach, der Sie dabei unterstützt, das anzupacken, was Sie weiterbringt. Position B repräsentiert die bisherigen Aufschiebegewohnheiten – sie weiß manchmal nicht, was längerfristig betrachtet gut für Sie ist.

Beispiel Jan:

A: Es wäre besser für dich, wenn du dich jetzt endlich an die Auswertung deiner Umfrage machen würdest.

B: Aber ich bin heute einfach nicht in Stimmung. Wenn ich daran denke, was ich dafür alles machen muss …

A: Okay, das ist schon nachvollziehbar. Es ist tatsächlich ein Berg Arbeit. Du hast dir ja einen Plan gemacht, wie du Schritt für Schritt vorankommst. Heute ist ja nur ein Teilschritt dran, nicht das Ganze.

B: Ja, ja, das weiß ich ja! Aber ich habe einfach keinen Bock, da jetzt einzusteigen. Es ist so mühsam und macht keinen Spaß.

A: Ja, das stimmt schon, es ist mühsam und besonders spaßig ist es auch nicht. Doch wenn du dir einen Ruck gibst, hast du die Chance, diese Aufgabe ziemlich schnell hinter dich zu bringen. Und wenn die Daten erst einmal ausgewertet sind, kommt doch der Teil, der dir mehr Spaß macht: deine Schlüsse daraus in der Projektbesprechung zu präsentieren. Das ist doch das, was dir liegt, oder? Meinst du nicht, dass es sich dafür lohnt, sich ein wenig anzustrengen?

B: Na gut, dann lass uns zehn Bögen auswerten.

A: Wie wärs mit 20 Bögen?

B: Höchstens 15.

A: Na gut. Dann steigen wir jetzt in die Auswertung ein.

Wenn Sie die Verhandlungsmethode ausprobieren und abwechselnd beide Positionen einnehmen, als handle es sich um ganz reale Verhandlungspartner, wird es Ihnen vermutlich auch Spaß machen, diesen verschiedenen Bestrebungen eine Stimme zu geben. Doch darüber hinaus erkennen Sie wieder ein Stück deutlicher, was Sie eigentlich aufhält, welche Bedürfnisse, Ängste und Befürchtungen es sind, die die Einstiegsblockade hervorrufen. Wichtig bei dieser kleinen Übung ist, die stattfindenden Verhandlungen in einer möglichst einfühlsamen und wertschätzenden Haltung sich selbst gegenüber durchzuführen.

Wenn Sie häufiger mit sich selbst verhandeln und lernen, gute Kompromisse zu schließen, können Sie sich leichter dazu motivieren, auch langweilige oder schwierige Dinge in Angriff zu nehmen – in der Gewissheit, dass dies langfristig betrachtet Vorteile für Sie haben wird. Leichter wird es vor allem deshalb, weil der Teil in Ihnen, der die Einwände hat, sich wertgeschätzt fühlt. Dabei wird auch Ihre Einstellung zu sich selbst positiver und toleranter werden, weil Sie mehr von sich selbst kennenlernen und sich besser verstehen.

Egal, welche der beschriebenen Einstiegshilfen Sie auch immer nutzen: Konzentrieren Sie sich stets auf das *Anfangen*. Gedanken wie «Ich muss möglichst viel schaffen» oder «Ich müsste doch schon viel weiter sein» sind kontraproduktiv und ziehen oft erst recht Aufschiebeattacken nach sich.

Die zentrale Frage ist stets: «Wie erleichtere ich mir den Einstieg?» Halten Sie auf jeden Fall den festgelegten Zeitpunkt des Arbeitsbeginns ein, so wie Sie ihn definiert haben.

Checkliste
Meine wichtigsten fünf Impulse aus Schritt 5:

1. ______________________________

____

2. ______________________________

____

3. ______________________________

____

4. ______________________________

____

5. ______________________________

____

Dranbleiben

Schritt 6 widmet sich ganz der Kunst des «Dranbleibens». Hier geht es darum, Ablenkungen von außen wie von innen zu widerstehen, um konzentriert bei der Sache bleiben zu können. Dabei werden die Vorteile von festen zeitlichen Limits herausgestellt. Eine «schwarze Liste» hilft dabei, sich die Nachteile des bisherigen Aufschiebeverhaltens zu vergegenwärtigen. Auftauchenden Selbstzweifeln durch Ermutigung zu begegnen und das Kommentieren dessen, was man gerade tut, sind ebenso wie das Betonen des Abschlusses einer Aufgabe wirksame Strategien, um bei der Stange zu bleiben. Auch selbst erzeugter Druck von außen kann als Instrument genutzt werden, um Projekte durchzuführen und abzuschließen.

Sich über seine hauptsächlichen Vorhaben klarzuwerden, Prioritäten zu setzen, einen Plan aufzustellen und einen pünktlichen Anfang hinzukriegen ist eine Sache. Und dies ist schon sehr viel! Doch dann ausdauernd an der Verwirklichung zu arbeiten ist das andere. Es gibt an jedem Arbeitstag etliches, was der konzentrierten Arbeit an unseren hauptsächlichen Vorhaben entgegensteht: Störungen von außen ebenso wie Abschweifungen, die wir selbst initiieren. Dranbleiben heißt dann, eine Vielzahl neuer kleiner Anfänge starten zu müssen, was für einen chronischen Aufschieber eine große Herausforderung ist.

Wenn der kleine Ablenker kommt ...

In der Regel sind wir an einem durchschnittlichen Arbeitstag häufig allen möglichen Unterbrechungen ausgesetzt. Mal ist es das Telefon, das klingelt, mal der Blackberry, dann wieder hat ein Kollege ein Anliegen, Besucher kommen, E-Mails kündigen sich im Posteingang an, kurzfristig einzuschiebende Erledigungen werden angetragen usw. Es ist anstrengend, danach immer wieder die Kurve zu kriegen und sich erneut auf das aktuelle Vorhaben zu konzentrieren.

Noch nie zuvor gab es so viele Unterbrechungen wie heute. Dies ist eine logische Konsequenz der Vernetzung durch Internet und Mobilfunk. Nach einer solchen unfreiwilligen Pause dauert es einige Zeit, bis man den Faden wieder aufgenommen hat. So kommt es natürlich zu Verzögerungen. Chronische Aufschieber lassen sich oft recht gern stören, verschafft es doch einen legitimen Grund, nicht an dem, was eigentlich ansteht, weiterarbeiten zu müssen: Im Prinzip hätte man gerne gewollt, ist aber nicht dazu gekommen, weil ja so viel los war.

Die von außen kommenden Unterbrechungen können wir nur zum Teil steuern, mit manchem müssen wir uns einfach arrangieren, weil es Bestandteil der Aufgabenstellungen in unserem Job ist, auf anderes aber können wir durchaus Einfluss nehmen. Viele Störungen lassen sich auf bestimmte Zeiträume begrenzen, sodass wir in Zeiten unserer besten Leistungsfähigkeit ablenkungsfrei arbeiten können.

Unterbrechungen können oft ärgerlich sein, doch das viel größere Problem sind die selbst initiierten Abschweifungen, die Impulshandlungen, die für die meisten chronischen Aufschieber typisch sind. Es will mit der Arbeit nicht so recht weitergehen, und da könnte man doch eigentlich erst einmal in die Mailbox schauen, in einem Katalog blättern, sich einen Kaffee holen, mit der Kollegin reden, im Internet surfen … und bevor man es sich versieht, ist eine Menge Zeit vergangen und der sorgfältig aufgestellte Tagesplan gerät ins Wanken. Also, wieder ran an die Arbeit, doch wenig später kommt der nächste Impuls, jetzt könnte man doch erst einmal … und so weiter. Oder mitten in der Arbeit an der jetzt eigentlich wichtigen Aufgabe erscheinen uns plötzlich andere Arbeiten, die wir für später geplant hatten, als dringend und unaufschiebbar, und wir nehmen uns von jetzt auf gleich nun diese vor. Oft fallen uns auch irgendwelche Kleinigkeiten ein, die nun unbedingt erledigt werden müssen. Sogar sonst ungeliebte Tätigkeiten meinen wir nun dringend durchführen zu müssen. Also widmen wir uns diesen so ganz nebenbei, es wird ja nicht lange dauern. Und schwupps! haben wir unseren Arbeitsfluss demontiert. Im Prinzip wissen wir ja genau, dass wir uns damit austricksen: Wir versuchen der Unlust zu entrinnen, die die Erledigung der eigentlich wichtigen Aufgabe gerade mit sich bringt, erhalten einen kurzfristigen Aufschub – aber das Problem bleibt ungelöst. Typisch Aufschieber!

Das Dranbleiben ist nach dem Setzen von Prioritäten, dem Planen und dem Anfangen die nächste große Herausforderung, die es zu meistern gilt. Mit unserem Tagesplan können wir uns nur vorgeben, was in unserem eigenen Interesse sinnvoll und nützlich ist, heute zu tun. Dass wir dies dann auch einhalten, dafür müssen wir selbst sorgen.

Impulsen spontan nachzugeben ist eine hartnäckige, oft über Jahre und Jahrzehnte hinweg bestehende Gewohnheit, der wir folgen, ohne zu reflektieren, was sich da plötzlich ins Bewusstsein drängen will. Bevor wir uns versehen, sind wir auch schon unterwegs. Mit ständigen impulsiven Unterbrechungen tun wir uns nichts Gutes. Wir lösen damit kein einziges Problem, das mit unseren hauptsächlichen Vorhaben in Zusammenhang steht. Es ist nur eine Flucht. Häufig bleibt dann die eigentlich wichtige Aufgabe auf der Strecke, weil die Zeit einfach nicht mehr reicht, sie noch abschließen zu können.

Wie Studien belegen, gelten Unterbrechungen – von außen kommende ebenso wie selbst initiierte – als die Produktivitätskiller Nummer eins. Wenn Unterbrechungen sich häufen, spricht man vom «Sägeblatteffekt». Nach einer Unterbrechung kann man meist nicht dort weitermachen, wo man aufgehört hat, sondern muss sich erst wieder in die entsprechenden Gedankengänge einfinden. Es braucht häufig viele zusätzliche Einarbeitungsminuten, bis man tatsächlich wieder konzentriert weitermachen kann. Je nachdem, wie oft wir eine aktuelle Aufgabe unterbrechen, kann sich diese Anlaufzeit im Lauf des Tages zusammengerechnet sogar zu Stunden summieren. In vielen Büros, so meinen Arbeitswissenschaftler, kann durch häufige Unterbrechungen sogar gut ein Viertel der Arbeitszeit verloren gehen.

Machen Sie sich daran, diesen Sägeblatteffekt zu vermindern. Gänzlich unterbrechungsfrei zu arbeiten wäre ein unrealistisches Ziel, doch wenn Sie da aktiv werden, wo Sie es in der Hand haben, etwas zu ändern, ist bereits viel getan.

Indem Sie Störungen reduzieren, können Sie sich besser auf Ihre Vorhaben konzentrieren und in derselben Zeit mit der Arbeit erheblich weiterkommen oder für das gleiche Ergebnis weniger Zeit aufwenden. Je weniger Sie sich stören lassen, desto mehr Energie bleibt Ihnen für die Arbeit an Ihren hauptsächlichen Vorhaben.

Störungen von außen vermindern

Bei den Störungen von außen gibt es zwei Kategorien:

- diejenigen, die Sie nicht steuern können,
- diejenigen, die Sie steuern können.

Wenn Ihr Chef Ihnen etwas auf den Tisch legt, was «heute noch raus soll», oder eine Besprechung anberaumt wird, bei der Ihr Fachwissen oder auch nur Ihre Anwesenheit gefordert ist, dann zählen diese Störungen natürlich zur ersten Kategorie.

Wie Sie mit Ihren E-Mails, Ihrem Telefon und Ihrem Internetzugang umgehen, entscheiden Sie hingegen selbst, ebenso, wann Sie ansprechbar für Anliegen von Kollegen sind.

Lesen Sie eintreffende E-Mails nicht sofort. Schalten Sie, sofern Sie das nicht ohnehin schon getan haben, in Ihrem Mail-Programm die Benachrichtigungsfunktion ab. Ganz gleich, ob es sich um ein akustisches oder optisches Signal handelt: Es beansprucht Aufmerksamkeit und unterbricht Ihren Gedankengang. Noch besser: Reservieren Sie sich nur zwei oder drei Mal am Tag eine festgelegte Zeitspanne, um Ihre elektronische Post zu sichten und zu bearbeiten. Ähnliches gilt auch für den Umgang mit Telefonaten bzw. Ihrem Anrufbeantworter. In den Zeiten, in denen Sie sich auf Ihre Arbeit konzentrieren, schalten Sie einfach den Anrufbeantworter ein und rufen dann zurück, wenn Sie die Arbeit abgeschlossen haben.

Sagen Sie anderen freundlich, aber klar, dass Sie zu bestimmten Zeiten – nämlich dann, wenn Sie an Ihren hauptsächlichen Vorhaben arbeiten – ungestört bleiben möchten. In der Regel genügt ein Satz wie: «Im Moment passt es ganz schlecht. In etwa einer dreiviertel Stunde bin ich gerne für Sie da.» Oder: «Jetzt geht es gerade nicht, ich melde mich dann bei dir.»

Störungen von innen abwehren

Nehmen Sie sich zunächst bewusst vor, sich bei wichtigen Arbeiten nicht mehr selbst zu unterbrechen, sondern bei der Stange zu bleiben. Wenn dann der wohlbekannte Impuls zum Unterbrechen auftaucht – und er wird auftauchen, denn allein durch einen guten Vorsatz löst sich eine hartnäckige Gewohnheit wie das chronische Aufschieben nicht auf! –, dann nehmen Sie ihn einfach nur so zur Kenntnis, wie Sie eine vorbeifliegende Mücke zur Kenntnis nehmen würden. Machen Sie sich klar, dass diese vermeintlichen Dringlichkeiten nur Manöver sind, die momentane Unlust zu bemänteln. Benennen Sie den Impuls, beispielsweise: «Aha, Blumen gießen», «Ach ja, mal in die Mailbox schauen», «Hm, in die Küche gehen und neuen Kaffee holen» usw. Wenn Sie sich dann fragen: «Muss ich wirklich, jetzt und sofort?», sehen Sie natürlich sogleich, dass dies momentan absolut nicht notwendig ist.

Denken oder sagen Sie einfach «Nein!». Schütteln Sie den Kopf und beschäftigen Sie sich weiter mit Ihrer Aufgabe. Falls es etwas Wichtiges ist, was Ihnen da plötzlich einfällt, sagen Sie «Nein, später!» und machen sich eine kurze Notiz, damit Sie nicht die ganze Zeit innerlich unterschwellig mit der Befürchtung beschäftigt sind, Sie könnten dieses Wichtige wieder vergessen. Nutzen Sie die Zeit nach getaner Arbeit dazu, all dem nachzugehen, was Sie als Impuls lockend und lohnend fanden – wenn Sie das dann immer noch wichtig finden.

Der Marshmallow-Test

In den 1960er-Jahren hatte der Psychologieprofessor Walter Mischel Selbstdisziplin bei Kindern untersucht. Am bekanntesten ist sein «Marshmallow-Test»: Dabei legte er einer Gruppe von Vorschulkindern eine Packung Marshmallows auf den Tisch und bemerkte dabei, dass sie sich sofort einen aus der Packung nehmen könnten – würden sie jedoch noch einige Minuten warten, könnten sie zwei davon haben.

14 Jahre später stellte Mischel in einer Nachfolgestudie fest: Jene jungen Erwachsenen, die damals als Kinder sofort den einen Marshmallow haben wollten, galten als schnell frustriert, ungeduldig und neidisch, hatten eine wesentlich geringere Stresstoleranz als diejenigen, die dem sofortigen Zugreifen widerstanden hatten. Den Abwartenden hingegen wurde eine höhere Sozialkompetenz zugeschrieben. Sie galten als selbstbestimmter, zuverlässiger und erfolgreicher.

Auf Impulse unmittelbar zu reagieren ist lediglich eine Gewohnheit, die sich dadurch verfestigt hat, dass sie über lange Zeit hinweg immer wieder praktiziert worden ist. Jedes Mal, wenn wir einem Ablenkungsimpuls nachgeben und die Arbeit an unserem aktuellen Vorhaben aufschieben, werden damit auch unsere Vorbehalte gegenüber der Erledigung dieser Aufgabe verstärkt. Indem wir unseren Augenblicksimpulsen nachgeben, verfestigen wir nicht nur unser Aufschiebeverhalten, sondern hindern uns vor allem daran, uns mit der Herausforderung zu beschäftigen und gute Strategien für die frühzeitige Erledigung auszutüfteln.

Gewohnheiten lassen sich ändern, am besten dadurch, indem wir neue Gewohnheiten an deren Stelle setzen: Dabeibleiben statt sich selbst abzulenken. Vielleicht hilft Ihnen dabei auch ein kleines Spiel, das Ralf Senftleben auf www.zeitzuleben.de empfohlen hat: Sie nehmen ein Blatt Papier und zeichnen jedes Mal, wenn Sie einen Impuls zum Unterbrechen bemerken, einen Kreis auf das Blatt. Wenn Sie dem Impuls standhalten und die Arbeit an Ihrer aktuellen Aufgabe fortsetzen, dann setzen Sie ein Häkchen in den Kreis. Vereinbaren Sie mit sich selbst eine kleine Belohnung, wenn es Ihnen gelingt, pro Tag die Arbeit an Ihren geplanten Aufgaben höchstens drei Mal zu unterbrechen, um einem Impuls nachzugeben.

Wenn Sie dieses Spiel ein bis zwei Wochen gespielt haben, werden Sie bemerken, dass

- es Ihnen immer besser gelingt, der Unterbrechung zu widerstehen,
- die Impulse zum Unterbrechen allmählich seltener werden.

Rückfälle in das bisher gewohnte Verhalten sind etwas völlig Normales und kein Grund, sich wie ein Versager zu fühlen. Bei manchen Aufgaben fällt es uns leichter, bei anderen schwerer, uns ohne Ablenkungen auf sie zu konzentrieren. Wir sind auch nicht jeden Tag gleich gut in Form. Doch wie schon Goethe in seinem «Faust» formulierte: «Wer immer strebend sich bemüht, den können wir erlösen.»

Es geht bei der Überwindung des chronischen Aufschiebens eben nicht nur darum, *einmal* über den eigenen Schatten zu springen, indem man den Anfang findet, sondern auch darum, über einen längeren Zeitraum hinweg immer wieder den Faden aufzunehmen, wenn wir mal wieder einer Ablenkung erlegen sind. Bleiben Sie deshalb geduldig mit sich selbst und nehmen Sie sich solche Pannen nicht übel. Kehren Sie, sobald Sie registrieren, dass Sie am «Prokrastinieren» sind, einfach ohne viel Hin und Her wieder zur Arbeit an Ihrem eigentlichen Vorhaben zurück. Tröstlich ist, dass die meisten Menschen mit Ablenkungsimpulsen zu kämpfen haben – auch jene, bei denen man es nicht auf Anhieb bemerkt.

15 Sekunden Standhaftigkeit

Die Entscheidung, einem Impuls zu folgen oder dies nicht zu tun, fällt innerhalb von etwa 15 Sekunden. Wenn Sie dem Impuls also eine Viertelminute widerstehen, lässt der Drang dazu nach.

Jedes Erlernen einer neuen Fertigkeit bringt ein gewisses Maß an Missvergnügen mit sich, weil es eben nicht auf Anhieb klappt, sondern viele Versuche und Wiederholungen einfacher Abläufe notwendig sind, bis Erfolge sichtbar werden. Dies ist beim Erlernen eines Musikinstruments ebenso der Fall wie im Sport oder in der Fahrschule. Nicht anders ist es beim Erlernen von Konzentration und Stetigkeit. In der Verhaltenspsychologie geht man davon aus, dass es etwa sechs Wochen dauert, bis wir ein altes Verhalten so weit abgeschwächt haben, dass das neue die Oberhand gewinnen kann.

Stetigkeit lernen und pflegen

Wenn es uns an Stetigkeit mangelt, dann steigen wir häufig in Vorhaben ein, ohne sie jedoch zu Ende zu bringen. Oft löst dann ein Vorhaben das nächste ab, ohne dass wir das erste abgeschlossen haben. Wir verfallen in einen Zustand operativer Hektik, und bald resultiert daraus eine große Anzahl offener Baustellen. Das kann sogar so weit führen, dass wir uns schließlich kaum mehr etwas vornehmen, weil das Vertrauen in die eigene Leistungsfähigkeit geschwunden ist und wir nur noch einen Berg unabgeschlossener Dinge auf unseren Schultern lasten fühlen.

Wenn wir trainieren, unseren typischen Ablenkungsimpulsen zu widerstehen und stattdessen bestrebt sind zu beenden, was wir angefangen haben, fällt es uns mit der Zeit immer leichter, die Aufmerksamkeit auf unsere hauptsächlichen Vorhaben zurückzuholen und uns auf die Arbeit zu konzentrieren. Je routinierter wir darin werden, desto mehr kommen wir in den Modus der Stetigkeit.

Unter Stetigkeit versteht man die Fähigkeit, das Zentrum

unserer Aufmerksamkeit über längere Zeit hinweg voll und ganz auf eine Sache zu richten – so lange, bis wir unser angestrebtes Ziel erreicht haben bzw. der Zeitraum beendet ist, den wir für die Arbeit an unserem Vorhaben eingeräumt hatten. Wenn wir im Modus der Stetigkeit sind, dann sind wir «ganz dabei» und lassen uns nicht von unserem Ziel ablenken, weder durch Störungen von außen noch durch auftauchende Probleme oder durch die Verlockung, jetzt etwas anderes, Leichteres machen zu wollen. Vielmehr richten wir unseren Blick dauerhaft auf das uns wichtige Ziel und schaffen uns damit die besten Voraussetzungen, um das, was wir anstreben, auch zu erreichen.

Wenn wir die Scheu davor überwunden haben, bei der Arbeit auftretende unangenehme Empfindungen auszuhalten, statt sofort die Flucht in eine Ablenkung anzutreten, werden wir bald merken, dass sich diese Missempfindungen von selbst wieder auflösen. Häufig taucht nach einer durchgestandenen Unlustphase eine neue Idee zur Lösung des Problems auf. Das hat natürlich den angenehmen Nebeneffekt, dass wir uns freuen und auch unser Selbstvertrauen wächst.

Überlegen Sie: Wann haben Sie es schon einmal erlebt, dass Sie bei einer Aufgabe geblieben sind, obwohl Schwierigkeiten aufgetaucht waren – und Sie dann eine Möglichkeit gefunden hatten, das Problem zu lösen? Und was würde sich an Ihrer Arbeitsweise ändern, wenn Sie Ihre Konzentration noch besser lenken könnten? Wenn Sie stetig dabeiblieben, ohne sich selbst bei auftauchenden Problemen durch Impulshandlungen aus dem Konzept zu bringen oder durch Störungen von außen ablenken zu lassen? Welchen Unterschied würde dies machen? Tragen Sie die Antworten auf diese Fragen in Ihr Logbuch ein.

Es braucht einige Zeit, bis Ihnen die neue Gewohnheit, sich auf Ihre aktuelle Aufgabe voll und ganz zu konzentrieren, so in Fleisch und Blut übergegangen ist, dass Sie Ablenkungen von innen und außen lässig parieren können. Doch wenn Sie am Ball bleiben, werden Sie bald von den Vorteilen der Stetigkeit profitieren:

- Nach einem Arbeitstag fühlen Sie sich gut: Sie haben (zumindest) alles Wesentliche erledigt und mussten höchstens Unwesentliches aufschieben.
- Freizeit ist Frei-Zeit: Sie nehmen keine Arbeit mit in den Feierabend und können Ihre freie Zeit viel besser genießen.
- Sie müssen sich keine Gedanken über Dinge machen, die Sie «wieder nicht geschafft» haben.
- Ihr Selbstvertrauen wächst mit jeder Aufgabe, die Sie Schritt für Schritt umgesetzt haben.
- Ihre Arbeitsergebnisse gewinnen an Qualität.
- Effektivität und Effizienz steigen.
- Sie schleppen keine Berge mehr vor sich her, dies hat eine enorm entlastende Wirkung.

Wenn Sie trotz alledem mal so richtig festhängen und ständig von Aufschiebeimpulsen geplagt werden, die Ihre Konzentration immer wieder beeinträchtigen, dann probieren Sie doch einmal Folgendes aus:

Schreiben Sie das Ziel und die Inhalte, das heißt die einzelnen Arbeitsschritte der Aufgabe, auf, deren Bewältigung Ihnen gerade solche Schwierigkeiten macht. Notieren Sie dann alle Gründe, die Sie daran hindern, die Aufgabe anzupacken. Nehmen Sie sich dafür etwa fünf bis zehn Minuten Zeit, weil Ihnen einige Gründe zunächst vielleicht nicht sofort präsent sind. Dann schreiben Sie alle guten Gründe auf, weshalb es sich trotzdem lohnt, am Ball zu bleiben, welche Vorteile es hat, wenn Sie sich trotz der aufgetauchten Schwierigkeiten weiter Ihrem Vorhaben widmen.

Als Drittes halten Sie fest, was notwendig ist, die notierten Blockaden zu überwinden. Vielleicht brauchen Sie mehr Informationen, um weiterzuarbeiten. Wen könnten Sie fragen? Vielleicht sind Sie sich unsicher, ob das, was Sie bisher erarbeitet haben, okay ist. Wer könnte Ihnen ein Feedback geben? usw.

Sie merken schon: Es geht immer darum, nach vorne zu denken und Lösungen zu finden, statt sich lange mit der Ursachenfrage zu beschäftigen. Wenn Sie sich gerne mit den Ursachen von Blockaden und Aufschiebeverhalten beschäftigen, dann gehen Sie dem auf den Grund, *nachdem* Sie Ihre hauptsächlichen Vorhaben erfolgreich umgesetzt haben …

Das feste Limit

Das zeitliche Limit, das Sie in Ihrem Tagesplan festgehalten haben, ist sehr wichtig. Wenn Sie wissen, dass Sie nur zwei Stunden zur Verfügung haben, Ihre Arbeit auf den geplanten Stand zu bringen, werden Sie Ablenkungen noch leichter aus dem Weg gehen, als wenn Sie kein definiertes Ende aufgeschrieben haben. Nicht nur Perfektionisten doktern gern stundenlang an einer Aufgabe herum und finden immer neue Punkte, denen dann mit aufwendiger Material- und Internetrecherche nachgegangen wird.

Früher, in der Schule, war die Zeit für bestimmte Arbeiten klar vorgegeben – von der Lehrkraft oder auch von der Pausenglocke. Dieses Wissen um die begrenzte Zeit hat uns gut dabei unterstützt, uns auf die wesentlichen Punkte zu konzentrieren.

Wenn wir uns selbst keine solchen festen Zeitfenster einrichten, neigen wir dazu, übermäßig viel Zeit für das Feilen an den Details unseres Vorhabens zu verwenden. Wir müssen uns also selbst Grenzen setzen, uns beispielsweise sagen: «Dieses Manuskript wird in einer Woche fertig sein. Ich habe mir die Zeit so eingeteilt, dass dies zu schaffen ist.» Oder: «Für diesen Teil meines Internetauftritts habe ich sechs Stunden Arbeit eingeplant. Heute zwei Stunden, morgen zwei Stunden und übermorgen ebenfalls zwei Stunden. Bis dahin habe ich ein akzeptables Ergebnis und wende mich dann dem nächsten Teil zu.» usw.

Wenn Sie Aufgaben nicht limitieren, fehlt Ihnen die Zeit für die nachfolgenden Aufgaben auf Ihrer Tagesagenda. Und was geschieht dann? Sie beginnen die nachfolgenden Aufgaben verspätet, empfinden einen immer größer werdenden Druck, holen die Zeit nicht wieder auf und haben dann nur die Wahl, die restlichen Punkte auf Ihrer Agenda entweder in Ihre Freizeit hinein auszudehnen oder sie – aufzuschieben. Beides sind wohlbekannte, aber keine guten Lösungen. Wenn Sie wissen, dass Sie sich für eine Aufgabe oder den Teil einer Aufgabe ein zeitliches Limit gesetzt haben, hilft Ihnen das sehr, Ablenkungen abzuwehren. Überlegen Sie sich, wie Ihr zeitliches Limit beschaffen sein sollte, damit Sie die Aufgaben auf Ihrer Tagesagenda besser bewältigen können. Tragen Sie die Aspekte, die Ihnen wichtig sind, wieder in Ihr Logbuch ein.

Die schwarze Liste

Manchmal hilft es auch, sich die negativen Konsequenzen zu vergegenwärtigen, die ein Abbrechen und Aufschieben nach sich ziehen würde. Wahrscheinlich gerieten Sie unter Druck. Ihre ganze Planung wäre im Eimer. Das Unerledigte drückte dann auf Ihre Stimmung. Ihr Selbstvertrauen bekäme einige Kratzer ab. Sie wären niedergeschlagen, weil Sie gegenüber Ihren eigenen Ablenkungsmanövern klein beigegeben haben. Vielleicht verpassen Sie dann den Abgabetermin, weil Sie nicht mehr fertig werden. Vielleicht bekommen Sie auch Ärger mit dem Chef oder mit einem Kunden. Ihre Kollegen sind enttäuscht, dass Ihr Part an einem wichtigen Projekt so lange auf sich warten lässt und sie von Ihnen nichts als Ausreden hören. In Ihrer Freizeit plagt Sie ein schlechtes Gewissen usw.

Führen Sie am besten wieder schriftlich sämtliche Nachteile auf, die eine Verzögerung eines hauptsächlichen Vorhabens für Sie ganz konkret hätte. Diese «schwarze Liste» kann ruhig lang sein. Lesen Sie dann die Punkte auf der Liste ein paar Mal durch. Lohnt es sich wirklich, all diese Nachteile in Kauf zu nehmen, nur weil Sie im Moment lieber Solitär auf dem Computer spielen oder meinen, jetzt unbedingt Ihr Adressregister neu aufbauen zu müssen? Beantworten und vergleichen Sie dazu folgende Fragen:

- Wie würden Sie sich in der Zukunft fühlen, wenn Sie die Aufgabe jetzt liegen lassen würden und sie dann von Tag zu Tag immer dringender wird?
- Wie würden Sie sich in einer Stunde fühlen, nachdem Sie mit Ihrem Vorhaben ein gutes Stück weitergekommen sind?

Überzeugen Sie sich selbst davon, dass es sich nicht lohnt und nichts besser macht, sich weiter abzulenken, und steigen Sie wieder in Ihr aktuelles Vorhaben ein.

Monotasking statt Multitasking

Widerstehen Sie der Versuchung, verlorene Zeit durch Multitasking wieder hereinholen zu wollen. Die gleichzeitige Erledigung verschiedener Aufgaben in weniger Zeit schaffen zu wollen, entpuppt sich meist als Holzweg. Äußerstenfalls ist bei Routinetätigkeiten ein synchrones Erledigen halbwegs möglich, also bei Dingen, bei denen Sie nicht «dabei» sein müssen. Doch auch in solchen Fällen tun Sie sich mit Multitasking keinen Gefallen.

Hirnforscher gehen davon aus, dass das Splitten der Aufmerksamkeit zu negativen Veränderungen in unserer kognitiven Leistungsfähigkeit führt. Beispielsweise zeigt sich der Neurologe Ivar Reinvang (Universität Oslo) sehr skeptisch hinsichtlich der Möglichkeit, zwei Tätigkeiten, die Aufmerksamkeit und Konzentration erfordern, tatsächlich gleichzeitig zu bewältigen. Vielmehr handle es sich beim Multitasking nicht um wirkliche Gleichzeitigkeit, sondern um ein blitzschnelles Hin- und Herspringen zwischen den unterschiedlichen Herausforderungen. Das konzentrierte Nacheinander weist im Vergleich zum gleichzeitigen Miteinander eindeutig die geringere Fehlerhäufigkeit auf.

Weitere Forschungsergebnisse weisen zudem darauf hin, dass während eines Multitasking-Versuchs im Gehirn und in den Nebennieren vermehrt die Stresshormone Adrenalin, Noradrenalin und Kortisol produziert werden, was unter anderem dafür sorgt, dass unser Blutdruck steigt und unsere Muskulatur sich verspannt, was wir vor allem im Nacken- und Kopfbereich spüren. Neben weiteren ungünstigen gesundheitlichen Auswirkungen, die dem Anstieg des Stresspegels geschuldet sind, verliert das Gehirn bei häufigem Multitasking immer mehr seine Fähigkeit, sich zu fokussieren. Die Folge: Wir werden nervös, zerstreut, Kreativitäts- und Gedächtnisverluste treten auf. Der Mensch scheint nicht in der Lage zu sein, erfolgreich mehrere Dinge auf einmal zu tun.

Wir gewinnen also nichts, wenn wir versuchen, durch Multitasking Zeit zu sparen. Es geht meist nicht wirklich schneller voran, sondern raubt nur kostbare Energie – abgesehen davon, dass es reines Gift für die Konzentrationsfähigkeit ist. Und als chronische Aufschieber brauchen wir genau das: zu lernen, uns auf unsere hauptsächlichen Vorhaben zu fokussieren, ohne dem Impuls zur Ablenkung nachzugeben.

Statt unsere Aufmerksamkeit zu zersplittern, sollten wir also vielmehr versuchen, unsere Konzentrationsfähigkeit immer weiter zu verbessern. Dies tut nicht nur dem Training hin zur Stetigkeit gut, sondern auch unseren Emotionen. Der ständige Wechsel zwischen Arbeitsgängen oder zwischen Arbeit und den Folgen von Ablenkungsimpulsen macht angespannt, unruhig und fahrig, während das konzentrierte Nacheinander bei jeder abgeschlossenen Aufgabe das Gefühl vermittelt, etwas bewältigt zu haben.

Es gibt viele Möglichkeiten, wie wir in unserer Freizeit etwas für die Stärkung unserer Konzentrationsfähigkeit tun können: Yoga, Autogenes Training, Feldenkrais-Übungen, Mikado, Kampfsport usw. Aber es gibt auch kleine Übungen für den Arbeitsalltag, die Sie ohne Aufwand durchführen können (siehe Kasten, Seite 154).

Einfache Konzentrationsübung

Heften Sie in Augenhöhe einen Selbstklebepunkt an eine freie, weiße Wand. Setzen Sie sich mit geradem Rücken auf einen Stuhl, atmen Sie ein paar Mal tief ein und aus und blicken Sie dabei auf diesen Punkt. Fokussieren Sie Ihre ganze Aufmerksamkeit darauf, zu atmen. Schließen Sie die Augen und fühlen Sie, wie der Atem in Sie hineinströmt und wieder heraus. Immer, wenn Ihnen abschweifende Gedanken in den Kopf kommen, öffnen Sie die Augen und betrachten erneut den Punkt. Schließen Sie die Augen wieder und konzentrieren Sie sich weiter auf Ihren Atem. Achten Sie genau darauf, wie die Luft in Ihre Lungen hineinströmt und wieder entweicht. Wenn wieder ein ablenkender Gedanke kommt, öffnen Sie die Augen und fixieren kurz den Punkt, dann schließen Sie sie wieder, achten weiter auf Ihren Atem usw.

Nach etwa vier bis fünf Minuten beenden Sie die Übung, recken und strecken sich und sind wieder ganz da. Sie werden ein Gefühl von Ruhe und Präsenz verspüren, was Ihnen bei der weiteren Arbeit nützlich sein wird. Es hilft Ihnen, sich auf das Wesentliche zu konzentrieren und Belangloses zu ignorieren.

Wenn Sie gezielt an Ihrer Konzentrationsfähigkeit arbeiten, wird es Ihnen immer leichter fallen, sich jeweils voll und ganz auf Ihre aktuelle Aufgabe – nicht auf zwei oder noch mehr Dinge zugleich – zu fokussieren und sich von keinem Ablenkungsimpuls mehr daran hindern zu lassen, die Aufgabe fertig oder auf den Stand zu bringen, den Sie sich vorgenommen haben.

Stoppen Sie Selbstzweifel

Anstehende Aufgaben anzupacken, statt sie vor sich herzuschieben, und konzentriert dabeizubleiben, statt sich selbst immer wieder davon abzulenken, ist keine Sache, die per Knopfdruck funktioniert. Sie werden vielleicht immer wieder neue Anläufe machen müssen, bis Sie sichtbare Fortschritte wahrnehmen, und manchmal auch den Eindruck haben, es ginge gar nichts voran. Das ist ganz normal. Jeder Klavierspieler, jede Sportlerin, jeder, der eine neue Fertigkeit erlernt, kennt das. Meistens tauchen Selbstzweifel dann auf, wenn Sie in Bezug auf sich selbst und Ihre Fortschritte unzufrieden sind, wenn Sie Ihre eigenen Erwartungen nicht in dem Maße erfüllen, wie Sie es gehofft hatten. Solche Zweifel sind verständlich, aber sie schwächen Ihre Entschlossenheit. Ihre Befürchtungen suggerieren Ihnen dann, dass Sie sich mit Ihrem Bemühen um Konzentration und der Erfahrung, sich immer wieder selbst abzulenken, eine unlösbare Aufgabe gestellt haben. Dann sind Gedanken wie «Das schaffe ich doch eh nicht» oder «Wozu soll ich mich weiter anstrengen?» nicht weit.

Selbstzweifel können Sie jedoch nicht ausräumen, indem Sie aufgeben, sondern nur, indem Sie sie überwinden und weiter das üben, woran Sie gerade zweifeln: konzentriert bei einer Sache bleiben, sie durchführen und abschließen. Oft sind längere Durststrecken unvermeidbare Begleiterscheinungen eines Lernprozesses. Wenn wir chronisches Aufschieben über Jahre hinweg praktiziert haben und meistens «irgendwie» damit durchgekommen sind, haben wir damit eine zähe Gewohnheit angenommen und innere Widerstände sind bei einer Verhaltensänderung fast schon vorprogrammiert.

Wie können Sie sich selbst dabei unterstützen, weiter am Ball zu bleiben, gerade wenn Sie in einer Phase sind, in der Sie an Ihren Fähigkeiten zweifeln?

- Denken Sie an Ihr Ziel und notieren Sie sich in Ihrem Logbuch alle guten Gründe dafür, es zu erreichen – auch wenn es momentan anstrengend ist.
- Registrieren Sie bewusst alle Fortschritte – auch die klitzekleinsten.
- Pflegen Sie ermutigende Selbstgespräche, statt sich selbst anzutreiben oder herunterzumachen, weil es momentan nicht so gut klappt. Sprechen Sie mit sich, wie Sie auch mit einer guten Freundin oder einem guten Freund sprechen würden.
- Nehmen Sie Ihre Konzentrationsprobleme mit Humor.
- Gönnen Sie sich jedes Mal, wenn Sie einen Schritt weitergekommen sind, etwas Schönes – als Zeichen der Wertschätzung, die Sie sich selbst dafür entgegenbringen, an Ihrem hauptsächlichen Vorhaben dranzubleiben.

Wir können unser Selbstvertrauen nur vertiefen, wenn wir lernen, Unlustgefühle als ganz normale Begleiterscheinungen zu akzeptieren, und trotzdem an unserem Vorhaben dranbleiben. Die Dinge, die uns leichtfallen, sind keine Herausforderungen, doch diejenigen, die uns etwas abverlangen, lassen uns durch die Bewältigung auch wachsen. Je öfter wir dann erleben, dass es vorwärtsgeht, dass die neuen Denk- und Verhaltensweisen greifen, desto seltener tauchen Selbstzweifel auf und desto mehr wächst auch unser Selbstvertrauen.

Rufen Sie sich frühere Erfolge in Erinnerung

Auch mit dieser Strategie stärken Sie Ihr Selbstvertrauen. Sie vergewissern sich damit, dass Sie das, was Sie sich vorgenommen haben, im Prinzip tatsächlich umsetzen können. Denken Sie an die Situationen, in denen Sie Durststrecken überwunden haben und dann letztlich erfolgreich gewesen sind.

- Wann ist es Ihnen gut gelungen, bei der Stange zu bleiben und sich auf das Erreichen eines wichtigen Zieles zu konzentrieren?
- Wann hatten Sie Schritt für Schritt auf ein Ergebnis hingearbeitet und hatten dann Erfolg mit Ihrem abgeschlossenen Projekt?

Schreiben Sie entsprechende Beispiele in Ihr Logbuch. Erinnern Sie sich vor allem auch an solche Erfolge, die Sie feiern konnten, obwohl Sie anfangs mehr als skeptisch waren, ob Sie Ihr Ziel erreichen würden. Wann haben Sie etwas geschafft, obwohl Sie Zweifel hatten, es zu schaffen, sich dadurch aber nicht hatten entmutigen lassen? Wann haben Sie durch «Dranbleiben» ein Ziel verwirklichen können, an dem Ihnen viel gelegen war?

Nun, Sie haben das damals in stetiger Arbeit daran hingekriegt, warum nicht auch die momentane Herausforderung?

Mut zur Lücke

«Gut statt perfekt» – diese Devise zielt darauf ab, den jeweils besten Kreuzungspunkt zwischen Qualität und Zeit zu finden. Nur selten wird ein perfektes Resultat Sie tatsächlich sehr viel weiter bringen als ein gutes Resultat. Deshalb sollten wir nicht von absoluter Vollkommenheit träumen, sondern Ergebnisse anstreben, mit denen wir gut leben können. Es muss nicht das allerbeste Referat zu einem Thema sein, das je gehalten wurde, es genügt, wenn wir die wesentlichen Punkte klar, anschaulich und gut verständlich ausführen. Gestehen Sie sich Lücken zu. Perfektionsansprüche können lähmend sein und führen oftmals schnurstracks in die Blockade. Verabschieden Sie sich deshalb von der Alles-oder-nichts-Haltung, die für viele chronische Aufschieber typisch ist. Meistens reichen 80 Prozent oder 90 Prozent «Vollkommenheit» völlig aus, um Ihre Aufgaben gut zu erfüllen.

Machen Sie sich schriftlich Gedanken zu der Frage: Was kann schlimmstenfalls passieren, wenn ich mein Ideal nicht erreiche, sondern nur ein gutes oder genügendes Resultat erziele? Wenn wir uns diese Frage im Hinblick auf alle möglichen Vorhaben stellen, merken wir rasch, dass viele der Befürchtungen, die wir mit «unperfekten» Lösungen verbinden, unbegründet sind.

Für Perfektionisten empfiehlt es sich auch, bei allen Aufgabenstellungen von vorneherein stets zwei Durchgänge in den Blick zu nehmen:

- Der erste Durchgang hat das Ziel, ein akzeptables Ergebnis zu erzielen, was heißt, Abstriche an bestimmten Punkten zu machen, die für das Gesamtergebnis nicht so wichtig sind.
- Wenn dann noch Zeit für einen zweiten Durchgang bleibt, entscheiden Sie, ob Sie sich erlauben, Ihrem Perfektionsanspruch zu frönen und die Stellen, mit denen Sie noch unzufrieden sind, zu vervollkommnen, oder ob Ihnen dies, mit Blick auf das Ganze, nun eher unwesentlich erscheint.

Kommentieren Sie, was Sie tun

Wenn Sie Probleme mit der Konzentration haben und mit Ihrer aktuellen Aufgabe ins Stocken geraten, hilft Ihnen vielleicht auch die Kommentator-Technik. Sie ist sehr einfach. Sagen Sie sich einfach vor, was Ihre nächsten Schritte sein werden, also beispielsweise: «Jetzt schreibe ich diese Zusammenfassung, dann ergänze ich das Quellenverzeichnis, und danach stelle ich das Material für den nächsten Abschnitt zusammen.» Oder: «Jetzt überprüfe ich das Layout, ob es druckfertig ist, dann ergänze oder ändere ich das, was noch nicht passt, und danach rufe ich die Druckerei an und vereinbare die Modalitäten der Datenübergabe.» Wenn Sie den ersten Arbeitsschritt fertig haben, verkürzt sich Ihr Vorsagetext entsprechend: «Nun ergänze ich das Quellenverzeichnis, und danach stelle ich das Material für den nächsten Abschnitt zusammen.» bzw. «Jetzt bearbeite ich die zwei Änderungen, die ich gefunden habe, und dann rufe ich die Druckerei an und vereinbare die Modalitäten der Datenübergabe.»

Warum hilft es, sich Dinge vorzusagen? Wenn wir uns die nächsten Schritte vergegenwärtigen, schaffen wir damit ein inneres Bild vom Ablauf der vor uns liegenden Zeitspanne. Dies stärkt die Klarheit über das, was als Nächstes zu tun ist, und wir folgen ganz selbstverständlich diesem Ablauf – erst das eine, dann das andere, dann das dritte …

Eine übersichtliche schrittweise Handlungsfolge lässt kein Schlupfloch dafür, einen der Schritte – beispielsweise einen Anruf – wieder und wieder zu vertagen.

Druck von außen für sich nutzen

Viele Menschen erleben Druck von außen als hilfreich dabei, um ihre Ziele zu erreichen. Druck ist ja auch mit im Spiel, wenn Sie etwas bis zum Gehtnichtmehr aufgeschoben haben und dann in letzter Minute einen Marathon hinlegen. Diesen Umstand, durch Druck motivierbar zu sein, können Sie für sich nutzen – und zwar nicht erst dann, wenn es brenzlig für Sie wird, sondern weit im Vorfeld, indem Sie jemand anderen einweihen.

Machen Sie Ihr Vorhaben «öffentlich», indem Sie eine vertraute Person – Ihren Partner, eine Freundin, einen Kollegen – einweihen und sich dieser Person gegenüber verpflichten, Ihr Vorhaben umzusetzen. Räumen Sie dem anderen ausdrücklich das Recht ein, sich – beispielsweise einmal wöchentlich – nach Ihrem Arbeitsstand zu erkundigen. Er oder sie kann Sie beispielsweise am Ende Ihrer Arbeitswoche anrufen und berichten lassen, wie weit Sie gekommen sind.

Wenn wir wissen, dass andere Erwartungen in uns setzen, wollen wir sie natürlich nicht enttäuschen. Und zudem wäre es doch schade, am Ende der Woche nur erzählen zu können, wie viele Partien Solitär wir auf unserem Computer gespielt, wie viele Tassen Kaffee wir getrunken haben und wie sauber die Teeküche in unserem Büro aussieht. Und auch die trickreichen Ausreden, mit denen wir oft uns selbst gegenüber Aufschieben oder Ablenkungen begründen, können wir unserem Freund oder Kollegen gegenüber schlecht äußern, ohne uns dabei unwohl zu fühlen.

Unsere Ziele anderen mitzuteilen kann uns gerade durch den entstehenden Erwartungsdruck in unserer Entschlossenheit stärken. Auch kann beispielsweise eine gute Freundin, die wir zu unserer «Zielwächterin» erkoren haben, uns auch immer wieder dazu ermuntern, am Ball zu bleiben. Sie kann uns auf Fußangeln und heikle Punkte in unserer Planung hinweisen und unsere Motivation stärken helfen.

Als Alternative dazu bietet sich an, potenzielle Mitstreiter zu gewinnen, nämlich Freundinnen, Bekannte oder Kollegen, von denen wir wissen, dass sie genau wie wir selbst ein Aufschiebeproblem haben. In dieser kleinen Gemeinschaft wird dann eine Art Erfolgspakt vereinbart, wo jeder seine Vorhaben darlegt und alle einander unterstützen, die formulierten Ziele zu erreichen.

Den Abschluss betonen: Aufgaben sichtbar beenden

Wenn Sie den Teilschritt Ihres hauptsächlichen Vorhabens abgeschlossen haben, den Sie sich im aktuellen Tagesplan vorgenommen hatten, dann räumen Sie alle Unterlagen weg, die damit in Zusammenhang stehen. Auch wenn Sie sie am nächsten Tag, wenn Sie einen weiteren Teilschritt bearbeiten, wieder hervorholen müssen. Betrachten Sie das nicht als unnötigen Aufwand, sondern als ein Zeichen der Genugtuung, diesen Teilbereich nun für heute abhaken zu können. Machen Sie dann eine kleine Pause.

Wenn Sie wollen, können Sie danach auch all die Dinge tun, mit denen Sie sich von der Weiterarbeit hatten ablenken wollen. Ein Teil wird sich von selbst erledigt haben – Sie verspüren keinen Drang mehr dazu, nun beispielsweise unbedingt Ihr Adressverzeichnis anders anlegen zu müssen. Anderes wollen Sie immer noch tun: etwa einen Kaffee holen, kurz bei der Kollegin reinschauen, Ihre E-Mails checken. Obwohl Sie dasselbe tun, was Sie bereits tun wollten, während Sie mit der Arbeit an Ihrem hauptsächlichen Vorhaben beschäftigt waren, so fühlt es sich nun jedoch anders an. Hätten Sie es vorher im Bewusstsein getan, vor etwas anderem davonzulaufen, können Sie es jetzt erleichtert wie eine Belohnung genießen: Ja, Sie *dürfen*.

Wenn Sie sich der nächsten Aufgabe auf Ihrer Tagesagenda widmen und die Unterlagen dafür bereitlegen, haben Sie das beruhigende Gefühl, das Wichtigste für den heutigen Tag schon geschafft zu haben. Und nun kommt das Zweitwichtigste.

Am Nachmittag haben Sie Ihre wesentlichen Aufgaben bereits auf den Stand gebracht, auf den Sie sie bringen wollten, und können sich im klassischen Leistungstief dann all den kleinen Odds und Ends widmen, die Ihr Arbeitstag sonst noch mit sich bringt. Ist dies nicht erfüllender, als wenn Sie den Tag mit all diesen kleinen Tätigkeiten gefüllt und die wirklich wichtigen Dinge verschoben, verschoben und noch einmal verschoben hätten, um dann am Ende des Tages den Vorsatz zu fassen, dass sicher morgen alles ganz anders werden würde? Und Sie dann einen weiteren Tag auf die gleiche Weise verbracht hätten? Und noch einen und noch einen? Beglückwünschen Sie sich dazu, diese endlose Aufschiebeschleife durchbrochen zu haben.

Routineaufgaben – mal anders als sonst

Bislang waren Routineaufgaben vielleicht eine hochwillkommene Möglichkeit, der Arbeit an den hauptsächlichen Vorhaben aus dem Weg zu gehen. Wenn Sie nun morgens als Erstes in Ihre wichtigen Projekte einsteigen, bleibt natürlich weniger Wichtiges liegen, was aber trotzdem zu Ihrer Arbeit gehört und erledigt werden muss. Post, Ablage, Mails, Telefonate, Internetrecherchen …

Routinearbeiten bieten eine gute Möglichkeit, sich von anspruchsvollen Aufgaben zu erholen. Gerade wenn wir uns stark darauf konzentriert haben, ein hauptsächliches Vorhaben voranzubringen, und etliche Male Ablenkungsimpulse erfolgreich abgewehrt haben, tut es nun gut, sich nach einer kleinen Erholungspause einigen Aufgaben zu widmen, die zwar auch Konzentration erfordern, aber rasch von der Hand gehen.

Wie wäre es, solche Routinetätigkeiten als eine Art Spiel zu betrachten? Schließen Sie jedes Mal, wenn Sie eines Ihrer hauptsächlichen Vorhaben «auf Stand» gebracht haben, eine halbe Stunde Routinetätigkeiten an. Arbeiten Sie wieder mit der Zeitschaltuhr und veranstalten Sie eine Art Wettbewerb mit sich selbst. Stellen Sie «30 Minuten» ein und versuchen Sie in dieser Zeit, so viel Kleinkram wie möglich vom Tisch zu kriegen. Und dann gönnen Sie sich wieder eine Erholungspause. Genau das, was Sie früher wegen der schnellen Erfolgserlebnisse zum Aufschieben wichtiger Vorhaben benutzt haben, nutzen Sie jetzt, um dem erfolgreichen Abschluss einer Teiletappe Ihres hauptsächlichen Vorhabens noch ein Sahnehäubchen aufzusetzen …

Checkliste
Meine wichtigsten fünf Impulse aus Schritt 6:

1. ______________________________

____

2. ______________________________

____

3. ______________________________

____

4. ______________________________

____

5. ______________________________

____

Ergebnisse würdigen

Schritt 7 verdeutlicht, wie wichtig es ist, Veränderungen zu registrieren und anzuerkennen, Erfolge zu würdigen und Fehler als Teil des Problemlösungsprozesses zu begreifen. Tages- wie auch Wochenrückschauen machen bewusst, was alles in die Tat umgesetzt worden ist. Es wird gezeigt, wie sich die Anerkennung der eigenen Leistung durch kleine und größere Belohnungen unterstreichen lässt.

Der letzte Schritt in der Verwirklichung eines hauptsächlichen Vorhabens ist stets die Bewertung der Ergebnisse. Dabei fragen wir uns, ob wir die einzelnen Aufgaben und Teilaufgaben, die wir uns in einem bestimmten Zeitraum vorgenommen hatten, erfolgreich bearbeiten bzw. abschließen konnten und den Arbeitsstand erreicht haben, den wir angepeilt hatten. In dieser Rückschau sehen wir auch, was uns relativ leichtgefallen ist, wo es gehakt hat und wo wir wahrscheinlich für die Weiterarbeit noch zusätzliche Informationen brauchen.

Als chronische Aufschieber sollten wir die Fortschritte ebenso wie auch die Rückschläge in unserer Arbeit regelmäßig schriftlich festhalten: am Ende des Tages, am Ende der Woche und auch in längeren Zeiträumen. Eine kontinuierliche Bewertung unserer Arbeitsergebnisse unterstützt uns dabei, Fehler, Lücken und Patzer aufzuspüren und rechtzeitig nachbessern zu können – genau diejenigen Dinge, die bisher meist aus Zeitnot unter den Tisch fallen mussten, wenn wir unsere Arbeit bis zum letzten Moment aufgeschoben hatten. Die wichtigsten beiden Bewertungsinstrumente für das kontinuierliche Dranbleiben und den erfolgreichen Abschluss sind die Tages- und die Wochenrückschau.

Die Tagesrückschau

Prüfen Sie, ob Sie tatsächlich das geschafft haben, was Sie sich für den heutigen Tag vorgenommen hatten. Es empfiehlt sich, diese Bilanz schriftlich zu ziehen. Notieren Sie hierzu in Ihrem Logbuch unter dem heutigen Datum Antworten zu den nachfolgenden zehn Fragen:

1. Was war Ihnen wichtig? Welche Schritte zur Verwirklichung Ihrer hauptsächlichen Vorhaben haben Sie heute gemacht?
2. Was ist Ihnen gut gelungen? Was konnten Sie heute erfolgreich abschließen?
3. Auf welche Aktivitäten hätten Sie verzichten können?
4. Für welche Aktivitäten haben Sie nach eigener Einschätzung zu viel Zeit aufgewendet?
5. Was haben Sie versäumt zu tun, obwohl es wichtig gewesen wäre?
6. Wann traten bei der Arbeit Unlustgefühle und Zweifel auf? Was waren die Gründe dafür?

7. Wie viel (gefühlte) Prozent innerer Unterbrechungsimpulse konnten Sie erfolgreich abwehren?
8. Was hat es Ihnen erleichtert und was erschwert, Unterbrechungsimpulse abzuwehren?
9. Worüber waren Sie besonders zufrieden?
10. Was haben Sie daraus für die Planung des nächsten Tages gelernt?

Das tägliche Resümee ist mehr als nur eine Rückschau. Vielmehr leitet sich daraus ab, wie es am nächsten Tag weitergehen soll. Beglückwünschen Sie sich, wenn Sie der Arbeit an Ihren hauptsächlichen Vorhaben gerecht geworden sind!

Wenn Sie ein paar von den Routinetätigkeiten nicht geschafft haben und nun auf den kommenden Tag verschieben müssen, dann sollte dies Ihrer Freude keinen Abbruch tun. Es geht nicht darum, «perfekt» zu werden, sondern darum, immer zielgenauer die richtigen Prioritäten zu setzen, das Unwichtige beiseitezulassen und mit Ihren hauptsächlichen Vorhaben voranzukommen. Der genaue Blick darauf, was Sie am zurückliegenden Tag tatsächlich getan haben, kann eine zusätzlich motivierende Wirkung haben, Ihre Arbeitsweise weiter zu verbessern. Wenn Sie wissen, dass Sie sich am Abend mit Ihren Ergebnissen beschäftigen werden, wird Sie das beflügeln, Erfolge vorweisen zu können. Es ist beispielsweise sehr viel befriedigender, bei der ersten Frage viel schreiben zu können, als bei der fünften viele Punkte nennen zu müssen.

Stellen Sie nach der Rückschau den Plan für den nächsten Tag auf. Dazu übertragen Sie wieder Ihre hauptsächlichen Vorhaben aus dem Wochenplan und setzen erneut die wichtigste

Aufgabe an den Anfang. Erst dann übertragen Sie die übrig gebliebenen Arbeitsreste vom hinter Ihnen liegenden Tag auf den künftigen: bestimmte Mails beantworten, Anrufe tätigen usw. Indem Sie Tag für Tag die Ergebnisse des 10-Fragen-Resümees schriftlich festhalten, können Sie auch später Ihre Fortschritte gut erkennen.

Die Tagesrückschau hat zwei Vorteile:

1. Wenn wir am Morgen bereits wissen, dass wir am Abend unsere Aktivitäten noch einmal Revue passieren lassen, arbeiten wir automatisch disziplinierter und effektiver. Wir fühlen uns dann unseren Vorhaben stärker verpflichtet.
2. Wir nehmen bewusster wahr, was genau wir unternommen haben, um mit unseren hauptsächlichen Vorhaben voranzukommen – dies ist zumeist mehr, als uns ohne Rückschau bewusst wäre.

Die Wochenrückschau

Schwerpunkt beim Wochenrückblick ist, zu reflektieren, ob Sie bei der Verwirklichung Ihrer hauptsächlichen Vorhaben gut in der Zeit liegen, und zu bewerten, welche Ihrer Aktivitäten zielführend waren und welche nicht. Machen Sie sich bewusst, was Sie alles in der zurückliegenden Woche dafür getan haben, Ihre hauptsächlichen Vorhaben voranzubringen, und welche Fortschritte Sie dabei gemacht haben. Notieren Sie sich dazu wieder in Ihr Logbuch Antworten zu den nachfolgenden Fragen:

1. Was von dem, was Sie sich in der zurückliegenden Woche vorgenommen hatten, konnten Sie erfolgreich umsetzen?

2. Wie ist der aktuelle Arbeitsstand in Bezug auf Ihre hauptsächlichen Vorhaben?
3. Was ist Ihnen gut gelungen? Was konnten Sie in dieser Woche erfolgreich abschließen?
4. Wo sind Probleme aufgetreten? Wobei hatten Sie besonders starke Impulse zum Ablenken und Aufschieben? Woran lag das?
5. Wie viel (gefühlte) Prozent dieser Impulse konnten Sie schätzungsweise innerhalb dieser Woche erfolgreich widerstehen?
6. Was waren in Bezug auf die Arbeit an Ihren hauptsächlichen Vorhaben für Sie ganz besondere Highlights?
7. Was haben Sie aus Ihren Erfahrungen für die Planung der nächsten Woche gelernt?
8. Falls Sie erkannt haben, dass die Aktivitäten in der zurückliegenden Woche Sie der Verwirklichung Ihrer hauptsächlichen Vorhaben nicht in dem Maße näher gebracht haben, wie Sie es geplant hatten: Was müssen Sie dann vielleicht an Ihrer Planung verändern, um besser voranzukommen?

Oft wird uns erst im Rückblick auf eine Woche klar, wie viel wir eigentlich geleistet haben. Listen Sie alles auf, was Sie unternommen haben, um das Projekt voranzubringen. Freuen Sie sich über jedes Ihrer Ergebnisse, das Sie Ihren Zielen näher gebracht hat. Wir erkennen in einem Wochenrückblick auch, was uns geholfen hat, Aufgaben gut zu bewältigen, in welchen Bereichen wir uns vielleicht zu viel vorgenommen hatten usw. Aus den Erfahrungen lernen heißt, in die Planung der nächsten Woche diese Erkenntnisse mit einfließen zu lassen.

Indem Sie Ihre Wochenergebnisse sorgfältig reflektieren,

wird Ihnen nicht nur deutlich, was Sie alles auf den Weg gebracht haben, sondern Sie können auch einschätzen, ob das, was Sie zur Verwirklichung Ihrer hauptsächlichen Vorhaben unternommen haben, zielführend war oder ob Sie an Ihrer Herangehensweise etwas ändern sollten.

Legen Sie aufgrund Ihres Rückblicks den Plan für die nächste Woche fest und tragen Sie wieder die wichtigsten Aufgaben, die Sie der Realisierung Ihrer hauptsächlichen Ziele näher bringen, als Erstes in Ihren Plan ein. Wenn Sie in dieser Woche eines Ihrer hauptsächlichen Vorhaben haben abschließen können, dann entscheiden Sie, ob Sie ein weiteres aus Ihrer Liste des Zukunftspools (siehe Schritt 3, Seite 70) «nachrutschen» lassen wollen oder ob Sie sich auf die verbleibenden Vorhaben konzentrieren werden.

So oder so: Nehmen Sie sich für die Arbeit an Ihren hauptsächlichen Vorhaben wieder jeweils den frühen Morgen vor, wenn Sie ausgeruht und fit sind, denn Sie wissen ja: Diese Aufgaben sollten jeden Tag die höchste Priorität genießen.

Führen Sie sich auch immer wieder vor Augen, wie schön es sein wird, Ihren Zielen Schritt für Schritt näher zu kommen und sie schließlich auch zu erreichen. Wenn Sie auf Tuchfühlung mit Ihren Motiven bleiben, Ihre hauptsächlichen Vorhaben zu verwirklichen, dann hilft dies sehr, Aufmerksamkeit und Energie bevorzugt für die wichtigen Dinge zu verwenden.

Einen Rückblick zu halten, bedeutet nicht, dass Sie nur zurückschauen und sich vergegenwärtigen, was Sie in der zurückliegenden Woche geleistet haben. Es heißt vor allem mit dem Blick auf Ihre hauptsächlichen Vorhaben zu überprüfen, ob Sie sich mit Ihren Aktivitäten in die richtige Richtung bewegen.

Durch eine solche vorwärtsgerichtete Reflexion können Sie Ihre einzelnen Schritte immer wieder flexibel auf das Erreichen Ihrer Ziele ausrichten und werden so Ihre Vorhaben sicherer verwirklichen.

Belohnen Sie sich …

Um chronisches Aufschieben in den Griff zu bekommen, ist Anstrengung nötig. Wenn Sie sich bis hierher nicht nur auf bloßes Lesen beschränkt, sondern Sie sich mithilfe Ihres Logbuchs auch praktisch durch das Buch gearbeitet haben, haben Sie vielleicht auch an der einen oder anderen Stelle etwas gedacht wie: Oje, oje, so viel Planung und Kontrolle, das ist aber mühsam! Ja, das ist es – unter anderem. Es ist aber auch Erfolg versprechend.

Einer der wesentlichen Stolpersteine bei anspruchsvollen längerfristigen Vorhaben ist es ja gerade, dass wir oft keine direkte Belohnung für die einzelnen Schritte erhalten und dass vom Anfang des Einsatzes bis zum Abschluss manchmal eine lange Zeitspanne liegt.

Fehlen positive Feedbacks, tendieren wir als chronische Aufschieber leicht dazu, die Flinte ins Korn zu werfen. Und das ist ja genau das Problem: Wir «belohnten» uns in der Vergangenheit in aller Regel, bevor wir überhaupt mit dem angefangen hatten, was wichtig für uns gewesen wäre, indem wir banale Aufgaben erledigten anstelle der eigentlichen, zielführenden, nur um das Gefühl zu bekommen, etwas geschafft zu haben. Was natürlich kontraproduktiv war, wie wir nur allzu gut wissen.

Wenn sich längere Zeit keine greifbaren Erfolge zeigen, wird es für alle chronischen Aufschieber eng. Doch genau das ist der Fall, wenn wir uns wichtigen, aufgeschobenen Vorhaben widmen, von denen wir wissen, dass sie uns sehr nützen werden, in deren Rahmen wir aber über längere Zeitspannen hinweg kein Ende sehen, sondern nur eine Reihe – vielleicht auch frustrierender – Probleme zu lösen haben.

Indem wir die große Aufgabe in Teilaufgaben unterteilt haben, haben wir sie übersichtlicher gemacht und können uns nun immer dann auf die Schulter klopfen, wenn wir eine dieser Etappen bewältigt haben. Und wir können uns selbst noch zusätzlich dadurch unterstützen, indem wir uns dafür belohnen, ein selbst gesetztes Ziel, beispielsweise eine einzelne Aktivität und auch die Erfüllung unseres Tages- oder Wochenplans, erreicht zu haben. Wir können dies ganz ausdrücklich würdigen, indem wir eine Belohnung dafür ansetzen.

Wertschätzung wirkt verstärkend, dies hat beispielsweise auch Albert Bandura, Psychologie-Professor an der amerikanischen Stanford-University, dokumentiert: Wer Wertschätzung erfährt, ist motivierter, steckt sich höhere Ziele und fühlt sich stärker verpflichtet, sie zu erreichen. Man hat dann eine bessere Meinung von seinen Fähigkeiten, was wiederum die Leistungsfähigkeit stärkt.

Besonders dann, wenn zunächst einmal keine Wertschätzung von außen zu erwarten ist, sollten wir dies also selbst übernehmen und uns für unseren Einsatz belohnen.

- Belohnen Sie sich nach jedem erreichten Zwischenschritt, denn so wächst die Motivation zur Bewältigung der nächsten Teilaufgabe.
- Belohnen Sie sich für einen erfolgreichen Tag, an dem Sie mit

Ihren hauptsächlichen Vorhaben gut weitergekommen sind und viele selbst initiierte Ablenkungsmanöver abgewehrt haben.

- Belohnen Sie sich am Ende der Woche, wenn Sie in der Arbeit an Ihren hauptsächlichen Vorhaben wie geplant ein gutes Stück weitergekommen sind.

Mit Belohnungen für erledigte Aufgaben zeigen Sie sich Wertschätzung und geben Sie einen zusätzlichen Anreiz dafür, weiter voranzukommen. Eine der wichtigsten Belohnungen ist natürlich auch die unstrukturierte Zeit, die Sie sich nach der erfolgreichen Abarbeitung Ihres Planes gönnen, Zeit, die Sie jenseits aller Nützlichkeitserwägungen so verbringen können, wie Sie es wollen, einfach nur das tun, wonach Ihnen gerade ist. Hier gibt es dann kein «Ich müsste, sollte, wollte». Ob Sie sich dafür entscheiden, auf der Terrasse die Sonne zu genießen, vor dem Fernseher zu sitzen, am Computer Mahjongg zu spielen, ein Bier mit Freunden zu trinken, im Park die Enten zu füttern oder Ihnen nach Sport oder Bewegung ist: Die Arbeit ist getan, Sie *dürfen*.

Wählen Sie stets Ihre Belohungen «lohnend» genug, aber nicht überdimensioniert. Sie sollten stets dem Aufwand bzw. der Herausforderung entsprechend bemessen sein. Kleine Belohnungen für kleine Schritte, größere Belohnungen für größere Schritte, große Belohnungen dafür, dass Sie ein hauptsächliches Vorhaben voll und ganz umgesetzt haben. Was jeweils angebracht ist, können nur Sie selbst einschätzen und die entsprechende Wahl treffen.

Stellen Sie in Ihrem Logbuch eine Liste auf mit allen möglichen kleinen und großen Freuden, Dingen, die Ihnen Spaß machen, die Ihnen gut tun und die Sie mögen. Wählen Sie nur solche Dinge aus, Kleinigkeiten ebenso wie Größeres, die sich einfach und ohne viele Umstände einlösen lassen. Verzichten Sie jedoch auf Dinge, die Sie nicht tatsächlich locken, die Sie vielleicht nur aus Vernunftgründen oder Nützlichkeitserwägungen heraus gut fänden oder die aufwendig zu realisieren sind.

... doch belohnen Sie sich richtig!

Bevor Sie also in eine Aufgabe mit Aufschiebepotenzial einsteigen, legen Sie fest, wie Sie sich nach dem Abschluss dafür belohnen wollen. Schreiben Sie auf, was Sie sich hinterher selbst gönnen wollen, und hängen Sie diese Notiz in Sichtweite über Ihren Schreibtisch, sodass Sie Ihren Blick immer mal wieder darauf richten können. Die Vorfreude darauf wird Sie beflügeln.

Belohnen Sie sich nach Abschluss der Aufgabe jedoch auch tatsächlich und möglichst zeitnah – schieben Sie dies keinesfalls auf. Genießen Sie die Belohnung ganz bewusst. Sagen Sie auch ein paar Mal zu sich selbst, wie zufrieden Sie nun mit sich sind, angepackt statt aufgeschoben zu haben.

Bringen Sie sich keinesfalls selbst um Ihre Belohnung, denn das frustriert und demotiviert. Seien Sie jedoch auch so konsequent, sich die Belohnung dann nicht «einfach so» zu gönnen, wenn Sie die Aufgabe nicht abgeschlossen haben.

Das eine wie das andere macht das Instrument Belohnung unwirksam. Wenn Belohnungen funktionieren sollen, ist Zuverlässigkeit das A und O: dass Sie die Absprache mit sich selbst stets ernst nehmen und respektieren. Eine Abmachung ist verbindlich – auch eine Abmachung mit sich selbst. Belohnungen sind nur dann motivierend, wenn sie gut dosiert und konsequent eingesetzt werden – dann aber können sie Tatkraft und Selbstvertrauen sehr unterstützen.

Unterstützend ist auch, anderen von persönlichen Erfolgen zu erzählen. Berichten Sie es Personen Ihres Vertrauens – Freunden oder Kollegen –, wenn Sie in einem Ihrer hauptsächlichen Vorhaben einen Schritt vorangekommen sind. Auch positive Feedbacks wirken als Belohnung und ermutigen zum Weitermachen.

Checkliste

Meine wichtigsten fünf Impulse aus Schritt 7:

1. ______________________________

____

2. ______________________________

____

3. ______________________________

____

4. ______________________________

____

5. ______________________________

____

Erste-Hilfe-Koffer bei Rückschlägen

Aus vielfältiger eigener Erfahrung heraus weiß ich, dass Aufschieben eine sehr hartnäckige Gewohnheit ist. Besonders tückisch daran ist, dass wir uns durch den kleinen Freiraum, den wir dadurch gewinnen, sofort erleichtert fühlen. Es scheint eine Wohltat zu sein: «Hauptsache, ich muss es *jetzt* nicht tun!» Auch wenn wir mittels der sieben Schritte schon effektiv an unserem Aufschiebeverhalten gearbeitet haben, bleibt dies eine Falle, in die wir in unbedachten Momenten hineintappen können.

Auch wenn wir wissen, dass wir uns mit unserem Aufschiebeverhalten nichts Gutes tun, scheint doch in den schwachen Momenten, wenn wir der Verlockung nachgeben, alles dafür zu sprechen. Gedanken daran, welche Nachteile dies für uns haben könnte, sind in diesem Augenblick weit weg. Genau das ist es, was Standhaftigkeit so schwierig macht: Wir müssen beim Überwinden der Verlockung stets gegen den Drang nach sofortiger Erleichterung kämpfen. Dies wird uns manchmal dank der Anti-Aufschiebestrategien, die wir uns mittlerweile angeeignet haben, gut gelingen, mal wird es mühsam sein und manchmal werden wir vielleicht auch in unser altes Aufschiebeverhalten zurückfallen.

In der Regel bröckelt unsere Entschlossenheit gerade dann, wenn wir anfangen ungeduldig zu werden, uns selbst gegenüber Härte zeigen, uns antreiben und unsere Erwartungen an uns in die Höhe schrauben. Da unsere Ressourcen beschränkt sind, können wir nicht jedes angestrebte Ziel locker erreichen. Zeit, Geld, Fähigkeiten, Informationen … So viel wir auch wissen, können und uns zutrauen: Es wird immer wieder Situationen geben, denen wir uns nicht (oder noch nicht) gewachsen fühlen, sowie Tage, an denen wir an uns zweifeln, an denen wir wider besseres Wissen handeln oder einfach nicht in unserer gewohnten Tagesform sind.

Sich zurückholen

Sie werden sich in Zukunft immer wieder aus irgendwelchen ablenkenden Aktivitäten «zurückholen» müssen, denn einen endgültigen Sieg über das Aufschieben anzustreben hieße, gegen Windmühlen zu kämpfen. Vielmehr ist der Sinn und Zweck all Ihrer Aktivitäten, hauptsächliche Vorhaben effektiver in die Tat umzusetzen als bisher und nicht, irgendwelchen Idealstandards nachzueifern, etwa die Neigung zum Aufschieben «besiegen» zu wollen, sondern so damit umzugehen, dass möglichst wenige von den wichtigen Dingen in die Warteschleife geraten. Deshalb zählt es jedes Mal als Pluspunkt, wenn es Ihnen gelingt, Ihr Aufschiebeverhalten zu stoppen. Wenn es trotzdem mal wieder passiert ist, dass Sie, statt sich Ihren hauptsächlichen Vorhaben zu widmen, mit wachsender Begeisterung im Netz herumgesurft sind, die Rückenschilder Ihrer Ordner erneuert haben oder den kleinen Kaffee mit einem netten Kollegen bis in die Mittagspause hinein ausgedehnt haben, dann brechen Sie nicht in Selbstbeschimpfungen aus im Stil von: «Ich bin doch so was von blöd! Wie konnte ich nur …» oder in düstere Selbstentmutigung à la: «Ich wusste doch, das schaffe ich nie.»

Fragen Sie sich stattdessen, was genau der Auslöser war, abzuschweifen, sodass Sie sich überlegen können, wie Sie künftig diesen Impuls besser abbiegen können. Widerstehen Sie dabei aber der Versuchung, viel Zeit dafür aufzuwenden, darüber nachzugrübeln, was genau die Gründe sein könnten, dass Sie es diesmal nicht geschafft haben. Und die Gründe der Gründe. Und die Gründe der Gründe der Gründe ... Auf diese Weise verbringen Sie leicht ein paar Stunden mit Grübelei, bis Sie letztlich vielleicht bei der Frage nach dem Sinn des Lebens angekommen sind. Und die Aufgabe, um die es geht, ist noch immer unerledigt. Denken Sie lieber nach vorn: «Okay, es ist also wieder passiert. Auslöser dafür war ... Jetzt bin ich aber wieder auf Deck. Und ich entscheide, wie es nun weitergeht.»

Natürlich wäre es besser gewesen, wenn ... Klar, aber was nützt das nun? Statt über vergossene Milch zu weinen, überlegen Sie sich, wie Sie den Faden am besten wieder aufnehmen. Es wird immer wieder solche Situationen geben, und Sie sollten sich das nicht übelnehmen und keine unsinnige Perfektion anstreben. Schließlich sind Sie keine Maschine, sondern ein Mensch mit oftmals widerstrebenden Wünschen und Bedürfnissen, die nicht immer problemlos unter einen Hut zu bringen sind. Haben Sie also Verständnis für sich, statt sich in Selbstverurteilungen zu ergehen. Denken Sie lieber an Ihre Ziele und was genau Sie jetzt tun können, um sich wieder zum Weitermachen zu motivieren.

Bewusst wahrnehmen, was Sie tun

Wenn Sie bemerken, dass Sie wieder einmal in den Aufschiebemodus geraten sind und eine Vermeidungstaktik fahren, dann machen Sie sich dies zunächst einmal bewusst. Verurteilen Sie sich nicht deswegen, sondern nehmen Sie einfach wahr, was im Moment geschieht. Was tun Sie gerade und was wollen Sie damit vermeiden?

- Sagen Sie sich etwa: «Aha, jetzt surfe ich gerade lieber ziellos im Internet herum als weiter an meinem Konzept zu schreiben. Der Grund dafür ist, dass ich an einen Punkt gekommen bin, wo ich nicht weiterweiß.»
- Konkretisieren Sie dann, was genau Sie von der Arbeit abhält, was Sie vielleicht befürchten, beispielsweise: «Ich fühle mich festgefahren in meinen Gedanken, fühle mich frustriert, weil ich nicht weiterkomme», «Mir will einfach keine gute Idee kommen» oder «Ich befürchte, dass meine Arbeit den Anforderungen nicht standhält.»
- Überlegen Sie sich dann, was Sie jetzt brauchen, um den Faden wieder aufzunehmen. Was könnte hilfreich sein? «Wen könnte ich fragen, wer könnte einen Tipp für mich haben, wie ich an diesem Punkt weiterkomme?» «Wo gibt es ähnliche Projekte, wo ich mich über gute Ansätze informieren kann?» «Und, wo ich schon am Surfen bin: Gibt es im Internet genau zu diesem Punkt Fachinformationen?»
- Gehen Sie den aussichtsreichsten Hilfsquellen nach – und behalten Sie stets im Blick: Es geht darum, eine Lösung zu finden, eine *perfekte* Lösung muss es nicht sein.

Motivationsloch – und nun?

Wenn der Widerstand gegen das Anfangen mal besonders groß ist, geben Sie sich ein Aufschiebelimit, beispielsweise: «Noch zehn Minuten erlaube ich mir jetzt, danach kehre ich wieder zu meiner eigentlichen Aufgabe zurück.» Und dann genießen Sie

Ihre eingeräumte Galgenfrist und halten den neuen Starttermin unbedingt ein.

Oder gestatten Sie sich, den Wiedereinstieg in eine ungeliebte Aufgabe nur mittels der Erledigung einer anderen ungeliebten Aufgabe aufzuschieben. Wenn Ihnen also die noch erforderlichen Recherchen für die Fertigstellung Ihres Exposés gerade genauso zuwider sind wie die technischen Vorbereitungen zur Präsentation des Konzepts, «dürfen» Sie diese Vorbereitungen nur mit den Recherchen aufschieben.

Wenn Sie sich mal so gar nicht motiviert fühlen, greifen Sie auf die 15-Minuten-Häppchen-Technik auf Seite 131 zurück. Unterteilen Sie die anstehende Aufgabe in Mini-Etappen, von denen jede einfach und überschaubar ist. Nach jedem solchen Häppchen gönnen Sie sich fünf Minuten Pause, nehmen sich das nächste Häppchen vor usw. Fassen Sie gerade in einem Motivationsloch gezielt nur kleine Häppchen ins Auge, denn kleine Häppchen sind überschaubar und halten die grummelnden Unlustgefühle in Schach.

Die Mini-Etappen geben Ihnen das Gefühl, dass trotz aller Unlust etwas vorangeht. Und: Sie bleiben gut in Tuchfühlung mit Ihren hauptsächlichen Vorhaben. Meistens fällt es uns ja umso schwerer, wieder in ein Projekt einzusteigen, je länger wir den Wiedereinstieg verzögert haben.

Die Count-Down-Methode

Wenn Sie sich dabei ertappen, dass Sie mal wieder um Ihr hauptsächliches Vorhaben herumschleichen wie die Katze um den heißen Brei, dann hilft vielleicht auch ein kleiner Trick beim Einstieg. Sie zählen innerlich – oder auch laut, wenn Sie allein im

Raum sind – langsam von 5 rückwärts bis 1 und sagen sich dabei:
5 – «Ich stelle mich aufrecht hin.» (Und Sie tun es.)
4 – «Ich gehe zum Schreibtisch.» (Und Sie tun es.)
3 – «Ich setze mich hin.» (Und Sie tun es.)
2 – «Ich atme einmal tief durch.» (Und Sie tun es.)
1 – «Jetzt!» (Und Sie gehen ans Werk.)

So tun als ob

Schlüpfen Sie sozusagen in die Mokassins einer Person, die kein Aufschiebeproblem hat. Ein gutes Vorbild ist dabei jemand, der Ihnen sympathisch ist und dessen Aufgabenfeld eine realistische Ähnlichkeit mit Ihrem eigenen hat. Betrachten Sie, wie der/die andere anstehende Aufgaben angeht. Wie genau geht er, geht sie vor? Was unternimmt diese Person, um motiviert zu sein und zu bleiben? Wenn es eine Person Ihres Vertrauens ist, können Sie sie auch ganz konkret befragen und herausfinden, was es ist, was ihr den Einstieg erleichtert und sie dabei unterstützt, diszipliniert zu sein und sich ganz auf ihre Aufgabe zu konzentrieren. Suchen Sie sich die Verhaltensweisen aus, die Ihnen als vielversprechend auch für Ihre eigene Motivation erscheinen. Und beim nächsten Aufschieberitis-Anfall tun Sie dann ganz spielerisch einfach mal so als ob. Als ob Sie mit Aufschieben nichts am Hut hätten, sondern Ihr Vorbild wären, das jetzt gleich motiviert loslegen kann. Tun Sie so, als seien Sie gerade mal diese andere Person, der es leichtfällt, sich anstehenden Vorhaben zu widmen. Ändern Sie Ihre Körperhaltung entsprechend, Ihren Schritt, Ihren Blick … alle ihre Bewegungen folgen der inneren Vorstellung.

Wenn Sie sich tatsächlich darauf einlassen, fühlen Sie schon nach kurzer Zeit genau die Motivation, die Sie sich vorher nur vorgestellt hatten, und können in Ihr aktuelles hauptsächliches Vorhaben einsteigen.

Hilfe, ein Fehler!

Die Arbeit von zwei Stunden oder vielleicht sogar von zwei Tagen: Alles für die Katz! Durch falsche Informationen, unlogische Schlussfolgerungen oder lückenhafte Berechnungsgrundlagen – was auch immer es gewesen ist: Nun haben wir Zeit verloren und sind in Verzug geraten, obwohl wir doch so erfolgreich allen Anfechtungen zum Aufschieben widerstanden haben. Ganz schön unfair, oder?

Mit Fehlern konstruktiv umzugehen ist eine der wichtigsten Tugenden, gerade auch bei selbst organisierten Arbeiten. Es wird Ihnen immer wieder einmal passieren, dass Sie etwas vergessen, etwas falsch einschätzen oder sich auf Informationen anderer verlassen, die sich dann als irrig erweisen.

Rechnen Sie grundsätzlich damit, dass Fehler immer wieder mal auftauchen können – einfach als ganz normale Begleiterscheinungen der Arbeit. Eigene Fehler, fremde Fehler, das ist nie ganz auszuschließen. Natürlich ist es nicht schön, dass wir nun etliches, was wir schon vom Tisch hatten, noch einmal tun müssen. Und da lauert natürlich auch gleich wieder der Impuls im Hintergrund, diese unerfreuliche Geschichte jetzt am besten ganz weit von sich zu schieben … was tun?

- Keine Zeit mit Selbstvorwürfen und Schuldzuweisen vergeuden: Es genügt, herauszufinden, ab welchem Punkt die Dinge schief liefen und warum das so war – und den Faden dort wieder aufzunehmen. Sich nur zu ärgern bringt uns nicht weiter. Wenn wir das Geschehene gedanklich immer wieder aufwärmen und uns oder anderen Vorwürfe machen, dann drehen wir uns nur im Kreis. Mag sein, dass wir durch den Fehler viel Zeit verloren haben – aber wir haben auch eine Erfahrung gemacht. Es geht vorrangig darum, die Aufgabe durch konstruktives Tun zu einem guten Ergebnis zu führen und nicht darum, im «Hätte ich doch …» und «Wäre ich doch …» festzuhängen.

- Fragen Sie sich: «Was lerne ich daraus?»
  Oft lernen wir aus Fehlern sogar mehr als aus Dingen, die reibungslos gelaufen sind. Betrachten Sie Fehler daher nicht nur als störend, sondern auch als eine Chance, auf neue Möglichkeiten aufmerksam zu werden, vielleicht auch Zusammenhänge zu entdecken, die Ihnen sonst verborgen geblieben wären.

Wenn Ihnen also das nächste Mal bei Ihrer Arbeit ein Fehler passiert, dann verlieren Sie sich nicht einfach nur in ärgerlichen Gedanken, sondern reflektieren Sie das Geschehen kurz in Ihrem Logbuch. Dies ist effektiver, als wenn Sie die Gedanken daran einfach nur im Kopf hin und her wälzen. Hilfreich dafür kann der nachfolgende kleine Leitfaden sein:

1. Was genau ist schiefgelaufen?
   Sie halten sachlich in ein paar Sätzen fest, was vorgefallen ist.
2. Ab welchem Zeitpunkt fing es an schiefzulaufen?
   Sie gehen den zeitlichen Ablauf kurz durch bis zum entsprechenden Punkt.

3. Was war die Ursache oder der Auslöser dafür?
   Sie halten fest, was genau zu diesem Fehler geführt hat. Ziehen Sie bewusst auch Freunde oder Kollegen zu Rate, die Erfahrung auf dem Gebiet haben.
4. Was habe ich daraus gelernt?
   Sie notieren sich konkrete Punkte, die Sie beim nächsten Mal anders machen wollen.
   An welchen Punkten werden Sie Ihre Herangehensweise modifizieren? Fundiertere Informationen einholen? Kleinere Schritte machen? Eine andere Arbeitsweise wählen?
5. Was sind jetzt die nächsten kleinen Schritte in die richtige Richtung?
   Sie überlegen sich drei kleine Schritte, mit denen Sie sofort umsteuern können.

Wichtig ist, dass Sie nach der Fehlerreflexion möglichst rasch wieder ins Tun kommen, auch wenn es nur kleine Dinge sind, die Sie zur Fehlerbereinigung in Angriff nehmen. Wenn Sie die Angelegenheit liegen lassen, besteht die Gefahr, dass es wieder zu einer Schiebequälerei wird.

Gehen Sie auch bei einem Rückfall wertschätzend mit sich um!

Selbstverurteilungen machen nichts besser, sondern verschlimmern die Lage, indem sie zusätzlichen Stress erzeugen. Sich selbst zu beschimpfen ist wahrscheinlich etwas, was Sie vor langer Zeit einmal von anderen übernommen haben. Doch das ist vorbei und darf vorbei sein. Weisen Sie solche inneren negativen Selbstsuggestionen zurück. Widerstehen Sie auch dem Impuls, sich jetzt selbst die Daumenschrauben anzulegen und Ihr Pensum zu verschärfen.

Mit dem Kopf durch die Wand ist keine gute Strategie, sondern programmiert nur neues Scheitern vor. Nicht Entmutigung, sondern *Er*mutigung ist jetzt gefragt. Sagen Sie sich etwa: «Ich lerne gerade ein neues Verhalten und mache Erfahrungen. Darunter sind gute und weniger gute, das ist normal.»
Nehmen Sie eine freundliche, verständnisvolle und unterstützende Haltung sich selbst gegenüber ein, so, als würden Sie Ihrer besten Freundin oder Ihrem besten Freund gegenüberstehen.

Besonders wichtig ist es, dass wir uns im «Notfall» stets daran erinnern, was wir erreichen wollen, was das weiterführende Ziel hinter der momentanen Anstrengung ist.

Betrachten Sie das Symbol auf Ihrem Schreibtisch, das Sie stellvertretend für das Umsetzen Ihrer hauptsächlichen Vorhaben ausgewählt haben.

Vergegenwärtigen Sie sich Ihre Vorhaben und Pläne und vor allem auch die Gründe dafür, die Ziele, die Sie sich gesetzt haben, verwirklichen zu wollen. Führen Sie sich auch immer wieder vor Augen, welche Erfolge und Teilerfolge Sie schon feiern konnten.

Dies stärkt und unterstützt dabei, die reflexhafte Neigung zum Aufschieben zu unterbinden und sich wieder beherzt ans Werk zu machen: Sie wissen, wofür Sie dies tun, und Sie haben schon bewiesen, dass Sie es können.

Literaturempfehlungen

Weitere Bücher der Autorin zum Thema Stress- und Krisenbewältigung

«Tanz mit dem Säbelzahntiger. Stressbewältigung für alle Stresstypen», Orell Füssli 2009

«Krisenfest leben». Kreuz Verlag 2010

Literaturauswahl zum Thema chronisches Aufschieben

Hans Werner Rückert: «Schluss mit dem ewigen Aufschieben», Campus Verlag 2006

Marco von Münchhausen: «So zähmen Sie Ihren inneren Schweinehund», Campus Verlag 2005

Gitte Härter: «Mehr Selbstdisziplin bitte!», Gräfe und Unzer 2009

Claudia Guderian: «Arbeitsblockaden erfolgreich überwinden», mvg Verlag 2008

Alexander Jürries: «Anpacken statt Aufschieben», Haufe-Lexware Verlag 2004

Marcus Stollreiter: «Aufschieberitis dauerhaft kurieren», mvg Verlag 2003

Weitere Titel aus dem Orell Füssli Verlag

Ruth Enzler Denzler

Keine Angst vor Montagmorgen

Gelassen in die neue Arbeitswoche

Jeder hat es schon einmal erlebt: Wenn beim Sonntagabendkrimi die Gedanken um den Montagmorgen kreisen, dann macht sich Unruhe breit. In manchen Fällen gar Angst. Angst vor der nächsten Arbeitswoche. Nimmt diese Überhand, wird sie für den Betroffenen zu einer Belastung. Das muss nicht sein.

Mobbing oder Überforderung, Versagensangst oder Konfliktscheu – berufstypische Ängste können wir in den Griff bekommen. Ob wir nun zum sozialen, Erkenntnis- oder Ordnungsstrukturtyp gehören, es gibt in jedem Fall geeignete Maßnahmen. Wie man die eigenen Ängste einordnet, Ressourcen aufbaut und einen Umgang mit der Situation findet, schildert Ruth Enzler Denzler mit großem Gespür für das sensible Thema.

192 Seiten, gebunden, ISBN 978-3-280-05415-4

orell füssli Verlag